THOMAS
MARSCHLER

ICH GLAUBE

DIE SPIRITUALITÄT
DES CREDO

THOMAS
MARSCHLER

ICH GLAUBE

DIE SPIRITUALITÄT DES CREDO

Sankt Ulrich Verlag

Bibliographische Information der Deutschen Bibliothek

Die Deutsche Bibliothek verzeichnet diese Publikation in der Deutschen Nationalbibliographie; detaillierte bibliographische Daten sind im Internet über http://dnb.ddb.de abrufbar.

Titelbild: Ulrike Woell
Umschlaggestaltung: uv media werbeagentur
Mediengruppe Sankt Ulrich Verlag, Augsburg
Druck und Bindung: CPI – Ebner & Spiegel, Ulm
Printed in Germany
ISBN 978-3-86744-101-8
www.sankt-ulrich-verlag.de

INHALT

VORWORT

Dieses kleine Buch ist kein theologischer Traktat. Es ist entstanden aus der unmittelbaren Verkündigung des Glaubens, wie sie mir als Priester seit mehr als zehn Jahren aufgetragen ist und seitdem in vielen Vorträgen, Katechesen und vor allem im regelmäßigen Predigtdienst konkrete Gestalt angenommen hat. Die Beiträge des Bandes sind ursprünglich für unterschiedliche Anlässe und Zuhörerkreise entstanden. Und doch haben sie eine innere Mitte, weil sie von verschiedenartigen Anknüpfungspunkten in Schrift und Kirchenjahr zu jenen zentralen Aussagen unseres christlichen Glaubens hinführen wollen, die seit alter Zeit im Apostolischen Glaubensbekenntnis zusammengefaßt sind. Von der geistlichen Rede und Predigt sagt der hl. Augustinus im Rückgriff auf Cicero, sie solle „belehren, gefallen und bewegen" (De doctrina christiana IV, 17). Alle drei Aspekte versuchen die nachfolgenden Texte zu berücksichtigen, wobei es einem in der theologischen Lehre tätigen Autor nachgesehen werden mag, wenn er den Schwerpunkt auf den ersten von ihnen legt. Die Skizzen bemühen sich, Menschen von heute mit der verborgenen Wahrheit Gottes in Verbindung zu bringen, die in seiner Offenbarung aufscheint und die das Credo der Kirche durch nunmehr zwei Jahrtausende weitergegeben und bezeugt hat. So möchten diese Betrachtungen zum Apostolischen Glaubensbekenntnis Wege zum besseren Verstehen dessen bereiten, was die Hoffnung der

Christen ausmacht, und ein wenig Freude über die Schönheit und den spirituellen Reichtum des Glaubens wecken, der uns geschenkt ist. Wenn ihnen dies gelänge, hätten sie ihr Ziel mehr als erreicht.

Thomas Marschler

ICH GLAUBE

Das Grundwort des Christseins

„Ich glaube" ist das Grundwort unseres Christseins. „Ich glaube" ist das erste, was der Christ spricht, wenn er am Brunnen der Taufe steht – oder was seine Eltern und Paten für ihn sprechen, wenn sie ihm als Kind dort ihre Stimme leihen. Mit „Ich glaube" beginnt das Bekenntnis, mit dem wir Sonntag für Sonntag vor Gott treten, um die heilige Messe zu feiern. Und: „Ich glaube" soll das letzte Wort sein, wenn wir einmal unser Leben in Gottes Hände zurückgeben – wie es dramatisch symbolisiert ist in den Geschichten mancher Märtyrer, von denen berichtet wird, sie hätten noch sterbend mit dem Blut ihrer tödlichen Verwundung „credo" auf die Erde geschrieben.

Nun, es ist mit dem Wort „glauben" wie mit vielen anderen Grundworten unserer religiösen Existenz: Weil sie uns so häufig und selbstverständlich über die Lippen gehen, besteht die Gefahr, daß sie zur Floskel werden, über deren wahre Bedeutung wir uns keine Gedanken mehr machen. So hat die schlichte Frage durchaus ihre Berechtigung: Glauben – was ist das eigentlich?

Die Antwort auf diese Frage ist schwieriger, als man zunächst annehmen mag. Denn „glauben", so müssen wir schnell feststellen, ist ein vielfältiges Wort. Am besten versuchen wir, uns ihm von der Umgangssprache her anzunähern. Die wohl häufigste Verwendung von „glauben" im Alltag hat die Form: „Ich glaube, daß ..." „Wie wird das Wetter?" „Ich glaube, daß es heute noch regnet." „Was kostet dieses Buch?" „Ich glaube, 30 Euro." Das ist die üblichste und zugleich schwächste Bedeutung des Wortes „glauben": Es meint soviel wie subjektive Annahme, wie die persönliche Einschätzung eines Sachverhalts. Der Sprecher möchte damit zu erkennen geben, daß er zu einem Thema kein sicheres Wissen, sondern nur eine Vermutung hat. Niemand würde sich für die Sicherheit solcher Vermutungen verbürgen – ein derartiges „Glauben" rechnet immer damit, auch widerlegt zu werden. Dieser Gebrauch des Wortes wird zuweilen allzu rasch auch auf den religiösen Glauben übertragen. Auf Themen der Religion angesprochen, geben sich manche mit der Antwort zufrieden: „Das ist eben der Glaube", und sie meinen damit: Hier geht es um ganz subjektive Einschätzungen, um Fragen, bei denen keine klare Einsicht zu erlangen ist. Glaube gerät in die Nähe eines vagen Gefühls, wird im Extremfall zu einer Angelegenheit des persönlichen Geschmacks. Über die Wahrheit oder Nicht-Wahrheit religiöser Einschätzungen, so folgert man dann leicht, soll jeder für sich selbst urteilen. Als Konsequenz ergeben sich Thesen wie: „Religion ist Privatsache", oder: „Jeder soll nach eigener Façon selig werden". Einen denkenden Menschen können solche Ansichten nicht befriedigen. Denn auf bloß subjektive Einschätzungen kann niemand verantwortet sein Leben aufbauen, sie bilden kein tragfähiges Fundament für grundlegende Daseinsentscheidungen. Ein solcher Glaube bliebe willkürlich und irrational.

Um einen korrekteren Begriff des religiösen Glaubens zu erhalten, sollte man besser von einer anderen Verwendungsweise des Wortes „glauben“ im Alltag ausgehen: „Ich glaube dir“. Wenn ich sage: „Ich glaube dir“, dann geht es nicht mehr um die unsichere, subjektive Einschätzung eines Sachverhalts, sondern um die Beziehung zu einer Person. „Ich glaube dir“ bedeutet: Ich vertraue dir, ich halte dich für wahrhaftig in dem, was du sagst und tust. Je intensiver die Beziehung zu einer Person ist, desto wichtiger wird dieser Satz: „Ich glaube dir“. Warum? Weil ich mich in jeder echten Beziehung auf das Wort des anderen verlassen muß. Wenn mir ein Mensch zusichert: „Ich liebe dich“, ist diese Aussage für mich nur sehr begrenzt „objektiv nachprüfbar“. Sicherlich kann ich auf konkrete Erweise der Liebe schauen, auf die schon miteinander verlebte Zeit, auf gemeinsame Erfahrungen. Aber all das ist keine Garantie, nicht für die Gegenwart und erst recht nicht für die Zukunft. Immer gibt es noch Gelegenheit zum Zweifel – im Moment einer Eheschließung genauso wie am Tag der Goldenen Hochzeit. Es bleibt dabei: Das Ja-Wort, die Liebeszusage eines anderen Menschen muß ich glauben, ich muß *ihm* glauben. Beziehungen zu Personen entstehen durch das Geschenk des Vertrauens, nicht durch die Aufrechnung von Erfahrungsbelegen.

Der Satz: „Ich glaube dir“ bedeutet darum immer auch: „Ich vertraue dir“, ja sogar: „Ich vertraue mich dir an“. Solcher Glaube ist immer bis zu einem gewissen Grad Auslieferung an einen anderen, ein noch einzulösender Vorschuß. Er ist nicht nur Sache des Verstehens, sondern auch des Wollens, nicht nur Sache der Vernunft, sondern auch des Herzens. Er gibt seine Zustimmung zu etwas, über das der Verstand allein keine letzte, sichere Gewißheit zu gewinnen vermag. Diese Zustimmung erwächst aus jener Gesamteinschätzung einer anderen Person, die wir gewöhnlich unserem „Herzen“ zuordnen. Das „Herz“ ist Inbegriff der Fähigkeit des Menschen zu „ganzheitlichen“ Entscheidungen für den eigenen Lebensweg, die jenseits des bloßen Verstandesurteils oder des reinen Willensentschlusses stehen. Von diesem Herzen sagt Pascal, es habe seine Gründe, die die Vernunft nicht kenne. In der Zustimmung des Herzens, die wir einer anderen Person geben und mit der „Glaube“ eng verwandt ist, fließen klare Einsicht und tastende Ahnung, „Kopf-“ und „Bauchentscheidung“, Überzeugung und Sehnsucht in eine untrennbare Einheit zusammen. Eine Ahnung von dem, was vertrauender Glaube bedeutet, wird in der kleinen Geschichte von dem Seiltänzer vermittelt, der den Leuten in einer Stadt, wo er auftrat, den Vorschlag machte, mit ihm aufs Seil hoch über der Straße zu steigen. Er versprach: „Es passiert Ihnen nichts!“, und nannte viele gute Gründe dafür, weshalb niemand an seiner Kunst zweifeln müsse. Die Menge aber schwieg ängstlich und keiner meldete sich, bis auf einmal ein kleiner Junge den Arm hob, sich an den Seiltänzer binden ließ und mit ihm über das schmale Seil balancierte. Als er wieder unten angekommen war, fragten ihn die Leute: „Wie konntest du dem Mann glauben? Hattest du denn keine Angst?“ Und der Junge antwortete: „Warum sollte ich denn Angst haben? Er ist doch mein Vater.“

Diese Geschichte zeigt nicht nur sehr plastisch, welche Gewißheit in dem „Ich glaube dir“ stecken kann, obwohl es nicht in erster Linie von unserer Vernunft gesprochen wird, sondern aus der Beziehung zu einem Menschen erwächst, in der viele weitere Faktoren prägend sind. Auch etwas anderes wird darin klar. Wenn ich zu jemandem sagen kann: „Ich glaube dir“, dann kann ich auch zu ihm sagen: „Ich glaube dir *etwas*“, „Ich glaube dir, was du mir gerade sagst“. Wenn ich von der Glaubwürdigkeit einer Person überzeugt bin, dann nehme ich auch ihre Aussagen an, sogar wenn ich sie augenblicklich selbst nicht nachzuprüfen vermag. Wenn das Vertrauensverhältnis zwischen Ehepartnern stimmt, glaubt die Frau ihrem Mann, wenn er abends sagt: „Ich muß noch einmal ins Büro“ – und hat nicht sofort die Angst, daß sie statt dessen in der Zwischenzeit betrogen werden könnte. Unser ganzer Alltag lebt davon, daß wir Menschen *etwas* glauben, weil wir *ihnen* glauben. Ohne diesen Vertrauensvorschuß würde unsere Gesellschaft zusammenbrechen. Schulkinder müssen ihren Lehrern glauben, Studenten ihren Professoren, Patienten ihrem Arzt, Zeitungsleser den Journalisten. Das wenigste im Leben wissen wir aus eigenen Überlegungen und Nachforschungen; das meiste nehmen wir von anderen Menschen entgegen, die wir für „glaubwürdig“ halten.

Nach diesem langen Anlauf ist es nicht mehr schwer zu begreifen, was religiöser „Glaube“ ist. Auch religiöser Glaube hat die Form: „Ich glaube *dir*“ bzw. „Ich glaube *dir etwas*“. Der Kern der biblischen Offenbarungsbotschaft lautet: Gott spricht den Menschen an, tritt mit ihm in Kontakt, bietet ihm einen Bund an. In Jesus Christus vollendet sich diese Zuwendung Gottes zum Menschen darin, daß Gott selbst Mensch wird. Im Sprechen und Handeln Jesu von Nazareth beginnt Gottes Herrschaft in der Welt endgültige Wirklichkeit zu werden. „Glaube“ nennt die Bibel die Antwort des Menschen auf diese Zuwendung, auf diese Anrede Gottes. Auch dieser Glaube ist zuerst ein Beziehungsverhältnis zu Gott („Ich glaube dir“), dann aber auch Zustimmung zu dem, *was* Gott uns sagt („Ich glaube dir etwas"). Durch die Worte, Liebeserweise und Wunder Jesu, durch den Blick auf seine Beziehung zu Gott, seinem Vater, die in der Auferweckung unwiderrufliche Bestätigung fand, sind die Christen zur Einsicht gelangt: Er ist wirklich Gottes Sohn. In ihm ist Gott selbst auf uns zugekommen, um uns zu erlösen. In der Zuwendung Jesu wird Gott als der unbedingt Glaubwürdige erfahrbar, der uns nicht täuschen kann und niemals täuschen will, und als der unbedingt Liebenswürdige, der uns mit den offenen Armen des guten, vergebenden Vaters entgegentritt. Weil unser Herz zu diesem Gott Ja sagen kann, kann es auch zu seinen Worten, zu den Worten Jesu Christi sein Ja sprechen. Glaube ist also in der „Herzenstiefe" der menschlichen Persönlichkeit verwurzelt. Er erschöpft sich nicht in der gehorsamen Annahme bestimmter Sätze, die unsere Vernunft nicht einzusehen vermag, und er stützt sich auf mehr als die bloß äußerliche Offenbarungsautorität Gottes. Sein Fundament ist die Beziehung Gottes zu uns, die Gott selbst ermöglicht hat.

Bei aller Ähnlichkeit, die der religiöse Glaube mit dem „Ich glaube dir" im zwischenmenschlichen Bereich hat, leuchten aber in den zuletzt gemachten Bemerkungen auch wichtige Unterschiede auf, die im folgenden noch etwas genauer erklärt zu werden verdienen.

Ein erster wichtiger Unterschied kann uns bereits im Blick auf die ersten Worte des Apostolischen Glaubensbekenntnisses aufgehen. „Ich glaube *an* Gott, den Vater", „Credo *in* Deum Patrem", heißt es dort. Dieses „an", so wird im Blick auf die griechische oder lateinische Fassung unseres Textes noch schneller sichtbar, ist eine Richtungsangabe. Sie charakterisiert „Glauben" als Bewegung, die auf ein Ziel hinstrebt. Glauben ist kein statischer Vollzug, nicht das Zur-Kenntnis-Nehmen wahrer Sätze. Glaube, so hatten wir eben schon formuliert, ist Selbstvollzug der gesamten menschlichen Persönlichkeit, ist theoretisches Urteilen und praktisches Streben ineins, Zustimmung als Sich-selbst-Vollziehen auf das letzte Ziel des menschlichen Lebens hin. Es geht geradezu um die Bereitschaft, sich mit allen Kräften hineinzugeben in die Wirklichkeit Gottes, weil er selbst uns mit dem Versprechen entgegengekommen ist, Ort unserer Vollendung sein zu wollen. Christentum, so lautet ein schönes Wort des Kirchenvaters Clemens von Alexandrien, ist „Sehnsucht nach ewigem Leben, die auf der Ebene des Verstandes Wurzeln geschlagen hat" (paed. 1,1,1). Weil Gott das Ziel dieser Sehnsucht ist, suchen wir ihn, und wenn wir ihn gefunden haben, glauben wir ihm, weil wir in ihm die Erfüllung alles dessen erkennen, was der tiefste Inhalt unseres Wünschens und Strebens ist. Wegen dieser Verwurzelung in der Mitte der gesamten menschlichen Person, die nach der Vollendung ihrer geistigen Vermögen strebt, ist der gläubigen Zustimmung zum christlichen Bekenntnis im Idealfall eine Festigkeit und Gewißheit zu eigen, die selbst über diejenige einer klaren mathematischen Einsicht hinausreicht, die stets allein auf den Intellekt beschränkt bleibt und alle übrigen Seelenkräfte unberührt läßt. Damit erhält die Beziehung des Glaubens „an" Gott eine Exklusivität, die noch einmal streng von allen anderen Formen von „Glauben" unterschieden werden muß. Das „Glauben an" bleibt allein Gott gegenüber möglich, weil er allein das letzte Ziel ist. Andere „Gegenstände des Glaubens", wie sie auch im Credo genannt werden, besitzen diesen Zielcharakter nicht, sondern gehören zum Glaubensvollzug nur als Mittel auf dem Weg zu Gott (wie die Kirche und ihre Sakramente) oder sind Aspekte der vollendeten Begegnung mit Gott, in die unser Leben münden soll. Wir können darum „die Kirche glauben", „die eine Taufe zur Vergebung der Sünden bekennen" oder „das Leben der kommenden Welt erwarten", wie es im Großen Glaubensbekenntnis heißt – aber dennoch glauben wir nur „an" Gott in der Dreiheit der Personen von Vater, Sohn und Heiligem Geist.

Ein zweiter Aspekt ist zu erwähnen. Einer menschlichen Person können wir immer nur bis zu einem bestimmten Punkt glauben. Selbst der am meisten geliebte Mensch, selbst der treueste Freund kann uns möglicherweise enttäuschen und belügen. Menschen gegenüber, das lernen wir im Leben zuweilen auf bittere Weise, kann uns naive Gutgläubigkeit oder blinde Nibelungentreue teuer zu stehen kommen. Darum haben wir in der Beziehung zu ihnen das Recht, bei gegebenem Anlaß die Wahrhaftigkeit ihrer Worte und ihrer Person zu hinterfragen und beim klaren Erweis der Täuschung das Vertrauensverhältnis aufzukündigen. Sogar die nach christlicher Auffassung engste und dauerhafteste Beziehung zwischen Menschen, die sakramentale Ehe, kann im äußersten Fall mit einer Trennung der Partner „von Tisch und Bett" einhergehen, wenn wiederholte Untreue oder ein anderer schwerwiegender Grund das weitere Zusammenleben unmöglich gemacht haben. Die Zusage des „Ich glaube dir" zwischen Menschen kann enttäuscht und sogar zerstört werden. Anders ist das bei Gott. Weil seine Wahrheit, Liebe und Treue uneingeschränkt verläßlich sind und keine schuldhafte Verkehrung in ihr Gegenteil erfahren können, ist ihr Anspruch an uns auch uneingeschränkt verbindlich. Der Glaube an Gott ist darum nicht unserem Gutdünken anheimgestellt, sondern tritt uns als Verpflichtung entgegen, die dauerhaft fordert und bindet. Wer die Autorität der Liebe Gottes wirklich erkannt hat, wird es nicht mehr als legitim erachten, sich ihr zu entziehen. Deshalb kann die Heilige Schrift betonen, daß Gott vom Menschen im strengen Sinn den Glauben erwartet und daß sich der Mensch von ihm nicht zu dispensieren vermag. „Ohne Glaube ist es unmöglich, Gott zu gefallen", heißt es im Hebräerbrief (11,6).

Ein dritter Punkt unterscheidet – bei aller Ähnlichkeit – das „Ich glaube" im religiösen Sinn vom zwischenmenschlichen Glauben und Vertrauen. Die Beziehung Gottes zum Menschen kann nicht mit einer zwischenmenschlichen Beziehung gleichgestellt werden, in der beide Partner auf der gleichen Ebene stehen und prinzipiell von gleichen Voraussetzungen ausgehen. Menschen begegnen einander auf der Basis gegenseitiger Anerkennung der personalen Würde und Freiheit des anderen. Den „Ruf", die Aufforderung an die Freiheit des Gegenüber, muß dieser mit seiner Zustimmung beantworten. Dies gilt selbst im Verhältnis zwischen Eltern und ihrem Kind. Zwar wird die Freiheit des Kindes vielleicht durch die Ansprache der Mutter erstmals geweckt und durch ihren Einfluß zutiefst geprägt – aber dieser Impuls kommt doch stets von außen und kennt das Innere der Person, die er erreichen will, nicht. Niemals hat eine menschliche Person den Zugang zur Freiheit eines anderen selbst, wie gerade Eltern beim Heranwachsen ihrer Kinder oft schmerzlich erfahren müssen. Die Beziehung zwischen Gott und Mensch gründet auf einer anderen Ebene. Gott ist der Schöpfer und Erhalter des ganzen endlichen Seins. Menschliche Freiheit ist wie jede geschöpfliche Realität Teilhabe am göttlichen Sein, ist Abhängig-Sein von Gott. Gott wirkt im Menschen, bevor dieser selbst zu denken und zu wirken beginnt. Darum steht Gottes Initiative am Anfang jeder Beziehung zwischen ihm und einem Menschen. Für den Glauben bedeutet dies: Daß wir zustimmen können, wenn Gott zu uns spricht, ist nach christlicher Überzeugung Antwort einer Freiheit, die dazu von Gott auch innerlich zugerüstet und befähigt ist. Nur Gott kann die geschaffene Freiheit bewegen, ohne sie zu vergewaltigen oder zu zerstören, denn er ist ihr innerster Grund und das von ihr ersehnte Ziel. Wann immer wir uns auf Gott zubewegen, sind wir schon durch seine sanfte Kraft angetrieben, wann immer wir ihn im Glauben erkennen, hat er selbst das Sehen, das nötige Sensorium für die göttlichen Dinge geschenkt. Der religiöse Mensch unterscheidet sich darum, um einen in jüngerer Zeit häufiger benutzten Vergleich aufzugreifen, tatsächlich vom Ungläubigen wie ein musikalischer Mensch sich beim Hören von Musik von einem Unmusikalischen unterscheidet: Beide vernehmen dieselben Töne und Melodien, aber nur jemand, der ein innerliches Sensorium für das Gehörte hat, wird davon angesprochen, ergriffen, bewegt. Dieses Sensorium kann sich kein Mensch erzwingen oder erarbeiten; er kann es nur dankbar und staunend in sich vorfinden. Glaube ist und bleibt Gnade: freie Gabe Gottes. Das hat übrigens auch das Erste Vatikanum durchaus gewußt, dem man eine „intellektualistische“ Verkürzung des Glaubens- und Offenbarungsbegriffs oft zum Vorwurf gemacht hat. Es spricht vom Glauben als einer „übernatürliche(n) Tugend, durch die wir mit Unterstützung und Hilfe der Gnade Gottes glauben, daß das von ihm Geoffenbarte wahr ist“ (Denzinger-Hünermann 3008). Die Charakterisierung des

Glaubens als „übernatürliche Tugend" bedeutet, daß er ermöglicht ist durch das Wirken Gottes im Wesenskern der Seele des Menschen, im Zentrum seiner geistigen Identität, vorgängig zu allen einzelnen Akten des Denkens, Wollens und Fühlens. Wir rühren mit diesen Worten an ein tiefes und nicht einfach zu akzeptierendes Geheimnis. Denn wie sich im Glauben die Gnade, das Wirken Gottes, und die Freiheit, das Wirken des Menschen, miteinander verbinden, begreift unser Verstand nicht mit letzter Klarheit. Es ist, als ob wir zwei Enden einer Kette in den Händen halten, von denen wir wissen, daß sie miteinander verknüpft sein müssen, obgleich wir nicht recht sehen, wie. Weder ist der Glaube unsere eigene Leistung und Errungenschaft, noch sind wir nur Marionetten eines Gottes, für den unsere Freiheit keine Rolle spielt. So bleibt uns nur übrig, beides, Gnade und Freiheit, im Glauben gleichermaßen anzuerkennen. Wenn wir unser „Ich glaube an Gott" sprechen, sollen wir unsere ganze Freiheit und Entschiedenheit in diese Worte legen. Zugleich aber sollen wir bekennen: Wenn wir unsere Zustimmung geben, hat der Heilige Geist in uns bereits sein Werk der Anregung und Erleuchtung vollbracht. Dieser Gedanke hat etwas durchaus Tröstliches in einer Zeit, in der wir oft hilflos dem Scheitern unserer eigenen katechetischen Bemühungen in der Weitergabe des Glaubens an die nachfolgende Generation gegenüberstehen. Wenn Glaube Gnade ist, dann liegt es nicht allein in unserer Hand, ihn bei uns und anderen zu erwecken. Er bleibt Gottes freie Gabe, die auch dann, wenn wir alles in unserer Kraft Stehende getan haben, im letzten nur erbetet werden kann.

Schließlich gibt es einen vierten Unterschied zwischen menschlichem und religiösem Glauben, den wir uns vor

Augen führen müssen. Wenn ich einem Menschen sage: „Ich glaube dir", dann stehe ich ihm zumeist leiblich nah gegenüber, sehe in seine Augen, höre unmittelbar seine Stimme. Gott dagegen redet mich nicht unmittelbar und direkt an. Er spricht zu mir durch andere Menschen, konkret: durch seine Kirche. Bevor Jesus Christus zum Vater zurückgekehrt ist, hat er seinen Aposteln, seiner Kirche, den Auftrag gegeben, sein Werk auf Erden weiterzuführen: „Wer euch hört, der hört mich" (Lk 10,16). Schon der Apostel Paulus hat von Jesus, seinem erlösenden Leben und Sterben, allein durch die Erstzeugen in der Kirche Kunde erhalten und nicht aus eigener Anschauung. So ist es bis heute für alle Christen geblieben. Wo immer wir von Jesus hören, ist es letztlich die Kirche, die uns mit ihm in Verbindung bringt. Sie verbürgt uns die Wahrheit von Gottes Wort und die Botschaft des Evangeliums. Erst in ihr ist unter der Leitung des Heiligen Geistes schrittweise das Geheimnis der Selbstkundgabe Gottes, das in der irdischen Geschichte des Jesus von Nazareth in vielerlei Hinsicht verborgen war, zur vollen Erkenntnis gelangt. Erst im Glauben der Kirche zeigt sich, um mit dem evangelischen Theologen Karl Barth zu sprechen, die „Offenbarung" auch in ihrem „Offenbarsein". Nicht zuletzt die Bibel als schriftlich bezeugtes Gotteswort ist in dieser Kirche entstanden und von der Kirche in ihrer heutigen Form anerkannt worden. Die Heilige Schrift ist normgebende Mitte der objektiven kirchlichen Tradition und bleibt doch in ihrer Auslegung und Weitergabe zugleich an diese gebunden. Die Kirche macht uns Gottes Wort immer neu gegenwärtig in ihrer Verkündigung und in ihren Sakramenten. Deshalb ist christlicher Glaube ohne Kirche unmöglich. In gewissem Sinne geht dem „Ich glaube an Gott“ stets das „Ich glaube der Kirche“ voraus. Nicht als wollte sich die Kirche an Gottes Stelle setzen – sie ist nur Werkzeug und Dienerin Gottes, Sakrament seines Wirkens in der Welt. Nicht sie ist das Ziel des Glaubens, sondern der Gott, den sie predigt und vergegenwärtigt. Wir glauben darum auch nicht „an“ die Kirche, als ob wir unser Leben auf sie hin auszurichten hätten, als ob sie uns sich selbst als Garantin oder Inhalt der ewigen Seligkeit versprechen wollte. Aber wir glauben „sie“ und glauben „ihr“, sofern sie der unverzichtbare Ereignisraum des lebendigen Gotteswortes in dieser Weltzeit ist. Denn erst im Licht ihres gemeinschaftlichen Glaubens wird Geschichte für uns als Heilsgeschichte erkennbar, enthüllen historische Fakten ihren Offenbarungssinn, wird das Bekenntnis zu Jesus von Nazareth als dem Herrn und Christus ins Wort gebracht. Hinter dieses Credo der Kirche gibt es für den je persönlichen Glauben kein Zurück, weder durch historische Forschung noch durch philosophische Spekulation oder mystische Erfahrung. Erst wenn in der Seligkeit des Himmels unser Glaube ins Schauen mündet, wird die Verkündigung der Kirche verstummen und werden ihre Sakramente nicht mehr gebraucht. Denn dann wird Gott einem jeden Erlösten unmittelbar gegenwärtig sein und innerlicher als sein Innerstes. Die Kirche des Himmels wird nicht mehr die lehrende und gebende, sondern allein die jubelnde und empfangende sein. Jetzt aber, solange wir noch auf dem Weg zu diesem Ziel sind, brauchen wir ihre Leitung und ihr Wort, damit wir lernen, was „Glauben“ und was „der Glaube“ ist. Und damit wir Stärkung und Ermutigung erfahren, wenn wir als Gemeinschaft von Pilgern auf dem Weg unseren Glauben mit anderen feiern und teilen.

„Ich glaube" – ein Grundwort unserer christlichen Existenz. Wir müssen dieses Wort immer wieder sprechen, denn weil der Glaube zum irdischen Pilgerstand gehört, nimmt er auch teil an dessen Bewegung, Gefährdung und Unfertigkeit. „Herr, ich glaube – hilf meinem Unglauben", so sagt im Evangelium ein Mann zu Jesus (Mk 9,24). Auch unser „ich glaube" wird sich verschieden anhören, je nach dem Augenblick in unserem Leben, an dem wir es sprechen: in Gewißheit oder Angefochtenheit, in Sicherheit oder Zweifel, mit jubelnder Überzeugung oder in stummer Verzweiflung. Wie jede Gabe Gottes ist der Glaube eine Auf-Gabe. Fertig werden wir damit in diesem Leben nie.

GOTT, DER ALLMÄCHTIGE VATER

Die unreduzierbare Gottesfrage

Der Spiegel" gehört zu denjenigen Zeitschriften in Deutschland, die regelmäßig ein Thema aus dem Bereich der Religion als Aufmacher wählen – meist vor den großen kirchlichen Festtagen und mit deutlich kritischer Tendenz. Mittlerweile ist darüber sogar schon eine Doktorarbeit geschrieben worden. Ein großer religiöser Aufmacher des „Spiegel" vor einigen Jahren hieß: „Der gedachte Gott". Die These des Artikels: Die moderne Medizin ist auf dem Wege, diejenigen Zentren im menschlichen Gehirn ausfindig zu machen, in denen religiöser Glaube entsteht. So könne endlich wissenschaftlich erklärbar werden, warum die Menschen seit Beginn ihrer Geschichte immer wieder die Existenz eines höheren Wesens annehmen und sogar zu ihm beten. Denn wenn religiöses Empfinden mit einem materiellen Ort im Gehirn zu verbinden ist, so die Behauptung, dann kann seine Erklärung getrost eher dem Neurologen oder Entwicklungsbiologen als dem Theologen oder Philosophen übertragen werden.

Was vom „Spiegel" so spektakulär präsentiert wurde, erweist sich bei näherem Hinsehen als These, die bereits einen langen Bart hat. Fast jede Woche verkünden uns irgendwelche Forscher oder Wissenschaftsjournalisten, daß man endlich das Gen für die Liebe, die Hirnregion für den Haß oder das Hormon für die Treue entdeckt habe. Solche angeblich umwälzenden Mitteilungen wärmen in Wahrheit eine schon reichlich abgestandene weltanschauliche Kost auf. In immer neuen Variationen wird darin die Behauptung unters Volk gebracht, Religion und Glaube an Gott seien nichts anderes als Produkte des Menschen selbst. Was zu ihrer Zeit schon Religionskritiker im alten Griechenland, was in verschiedenen Formen Feuerbach, Marx oder Nietzsche behauptet haben, wird heute in einer „modernen", biologisch-medizinisch-naturalistischen Variante präsentiert: Der Mensch ist, bewußt oder unbewußt, willentlich oder durch seine Gene genötigt, selbst der Schöpfer Gottes. Seine Sehnsüchte und Bedürfnisse spiegeln sich, ins Unendliche gesteigert und von der eigenen Person abgespalten, in den Gottesvorstellungen wider. Wenn man den Menschen verstanden hat, scheint auch die Frage nach Gott erledigt zu sein.

Gestern wie heute leben diese Erklärungsversuche von den gleichen problematischen Annahmen. Die erste: Man setzt bereits voraus, was man eigentlich erst beweisen will. Man steht auf dem Boden des Materialismus – also muß notwendigerweise die Religion und ihr wichtigster Inhalt, Gott, ein Produkt des Menschen sein. Weltanschauliche Vorurteile bestimmen dann die Interpretation naturwissenschaftlicher Beobachtungen. Ein Hirnforscher mag durchaus im Experiment feststellen, daß bei religiösen Vollzügen des Menschen gewisse Bereiche des Gehirns besondere Aktivitäten zeigen – aber daß Religion und Gott nichts anderes sind als das Produkt der von ihm gemessenen Hirnströme, kann er nur schlußfolgern, wenn er schon die Voraussetzung vertritt, daß es in der Wirklichkeit sowieso bloß Energie und Materie gibt, aber keinen damit nicht schlechthin identischen Geist.

An dieser Stelle zeigt sich noch eine zweite problematische Voraussetzung: Ein kleiner, empirisch zugänglicher Bereich der uns erkennbaren Wirklichkeit wird in unzulässiger Weise zur befriedigenden Erklärung des viel größeren Ganzen erhoben. Der Philosoph William James soll gesagt haben: „Ein Streichquartett von Beethoven ist wirklich ein Kratzen von Pferdehaaren über einem Katzennapf und mag in solcher Begrifflichkeit beschrieben werden. Erschöpfend ist eine solche Beschreibung nicht." Dasselbe gilt für die Beschreibung des menschlichen Seelenlebens. Jeder Mensch weiß, daß Freude, die ihn erfüllt, Liebe, die ihn beseelt, oder Glaube, der ihm Kraft gibt, etwas wesentlich, qualitativ Verschiedenes ist von den Daten der Hirnstrommessung auf einem Monitor. Auch ein materialistischer Naturwissenschaftler erkennt das in seinem Alltagsleben ganz selbstverständlich an, mag er es auch in seiner Theorie leugnen. Niemand käme auf die Idee, der Fortschritt der Neurobiologie werde ihn zukünftig dazu bringen, das eigene Bewußtsein, gerade froh oder traurig zu sein, von irgendwelchen an ihm vorgenommenen Untersuchungen abhängig zu machen. Und keiner, der sich angesichts einer Entscheidung frei und verantwortlich weiß, wird sich dies durch Außenstehende ausreden lassen. Was in der Außensicht des Experiments wahrnehmbar wird, kann niemals dasjenige einholen, was ein menschliches Ich in der unaustauschbaren Perspektive der ersten Person erlebt. Religiöse Erfahrung ist davon nicht ausgenommen.

Schließlich spiegelt sich in den reduktionistischen Antwortversuchen auf die Frage nach Gott das Problem einer dritten Annahme wider. Sobald man eine Theorie für die Entstehung des Glaubens an Gott innerhalb einer menschlichen Kultur oder auch bei einem einzelnen Menschen gefunden hat, meint man, zugleich den Inhalt und Anspruch des Gottesgedankens verstanden zu haben. In allen Ansätzen der Religionskritik geht es darum, die Gottesvorstellung zu kritisieren, indem man die Umstände entlarvt, unter denen ihre Entstehung erst möglich gewesen sein soll. Sie können psychologischer Art sein, wie die Kritik eines Feuerbach oder Freud meint, ökonomisch-gesellschaftlicher Art wie bei Marx oder biologisch-stammesgeschichtlicher Art wie in manchen modernen Argumenten. Aber immer lautet die Schlußfolgerung: Wenn begriffen ist, warum der Mensch überhaupt dazu kommt, von „Gott“ zu sprechen, dann ist dieser Gott eigentlich schon entzaubert, ist er als ein Moment in wissenschaftlich erklärbaren menschlichen Vollzügen greifbar geworden. Doch auch diese Behauptung ist kurzschlüssig. In ihr findet sich etwas, das Philosophen die Verwechslung von Genese und Geltung nennen. Wer die Bedingungen rekonstruiert hat, unter denen sich ein Gedanke herausgebildet hat (also seine Genese), kann auf dieser Basis allein noch lange kein angemessenes Urteil über dessen Geltung formulieren. Das gilt für den Gottesgedanken so wie für alle anderen Inhalte des Denkens auch. Physikalische Einsichten werden nicht dadurch widerlegt, daß man ihren Entdeckern schlechte Motive hinter ihren Forschungen nachweisen kann, wie etwa Förderung des Krieges oder die Gier nach Geld. Selbst sofern sie sich als Frucht eines pathologisch kranken Geistes herausstellen sollten, müßten sie für sich genommen noch lange nicht falsch sein. Darum gilt: Sogar wenn die Entstehung des Gottesbegriffs irgend etwas mit der Verdinglichung menschlicher Wünsche, der Stabilisierung von Herrschaftssystemen oder dem Erwerb von Vorteilen im Kampf ums Dasein zu tun hätte, wäre über die sinnvolle Denkbarkeit des Begriffs und die Existenz des damit Bezeichneten noch nichts entschieden. Die Frage nach der Schönheit einer Rose, so hat der Philosoph Georg Simmel bemerkt, ist eben nicht beantwortet, wenn man sieht, daß sie auf einem Misthaufen gewachsen ist (vgl. Thomas Rentsch, Gott, 2005, S. 33 ff.).

Die wirklichen Fragen in der „Gottesfrage" reichen viel tiefer als deren mögliche Funktion in bestimmten anthropologischen Kontexten: Warum gibt es überhaupt „etwas" und nicht „nichts"? Warum ist die Welt, wie die Naturwissenschaften sie kennen, von Anfang an durch „logische" Gesetze bestimmt – offen dafür, verstanden zu werden? Wo ist der „Ort", an dem alles Vergangene real „gewesen" bleibt, auch wenn kein Mensch mehr da ist, der sich daran erinnern mag? Hat die Vielheit geschöpflicher Bestimmungen und Vollkommenheiten ihren Grund in einem Wesen, das sie alle in unendlicher Einheit ursprünglich in sich trägt? Worauf zielen wir ab in unserem Erkennen und Wollen, wenn wir das Einzelne und Begrenzte nur dadurch erfassen und bejahen, daß wir es zugleich hinter uns lassen und übersteigen? Gibt es einen letzten Sinn der Welt, der Natur und Freiheit versöhnt, Gerechtigkeit für Opfer und Täter der Weltgeschichte schafft? Und gibt es eine Macht, die das Versprechen der unbedingten Liebe einlösen wird, das Menschen einander schenken, obwohl sie als sterbliche Wesen selbst an der Erfüllung scheitern müssen?

Diese Fragen, die man problemlos vermehren könnte, sind die unauslöschlichen Fragen nach Gott. Sie lassen erahnen, daß seine Wirklichkeit größer ist als alles menschliche Maß, auf das die Religionskritik sie zurechtzustutzen sucht. In allen Bedingtheiten und manchmal auch Fragwürdigkeiten, in die unser Denken und Sprechen über Gott zweifelsohne gestellt ist, bleibt sein wahres Geheimnis unangetastet.

Gott, der Unergründliche

Mit dem Staunen, so sagt der große Aristoteles, beginnt alle Philosophie. Noch mehr gilt dieser Satz für die Theologie. Sie findet ihren Ausgang im Staunen über die einzigartige Wirklichkeit Gottes. Den Beweis für diese These finden wir im vielleicht wichtigsten Text, den einer der größten Theologen aller Zeiten verfaßt hat, im Römerbrief des hl. Paulus, „O Tiefe des Reichtums, der Weisheit und der Erkenntnis Gottes! Wie unergründlich sind seine Entscheidungen, wie unerforschlich seine Wege!“ (Röm 11,33). Diese Worte des Apostels Paulus sind ein staunender Lobpreis über die Größe und Unergründlichkeit Gottes. Paulus faßt sein Staunen in Worte, weil er uns erstens vor etwas warnen und zweitens zu etwas auffordern will.

Die Worte des Apostels enthalten zunächst eine Warnung: Hütet euch davor, euch Gott nach euren eigenen armseligen Maßstäben vorzustellen! Paulus kennt die Menschen. Er weiß, daß sie immer wieder den gleichen fatalen Fehler begehen: Sie reduzieren die Wirklichkeit auf diejenigen Dimensionen, die sie selbst zu erfassen glauben. Sie nehmen von der Realität nur das wahr, was in ihren eigenen kleinen Kopf paßt. Beim Umgang mit den Dingen dieser Welt mag das unvermeidlich sein – aber in der Begegnung mit Gott kann es nur zum Irrtum führen. Darum steckt in den Worten des Apostels die Mahnung: Begreift, daß Gott nicht in irgendein menschliches Schema, in irgendeine geschöpfliche Kategorie zu zwängen ist! Vergeßt das Staunen über seine Größe nie! Zwischen Schöpfer und Geschöpf, so wird es die Kirche viel später in einer ihrer Lehrentscheidungen formulieren, besteht niemals so viel Ähnlichkeit, daß die Unähnlichkeit nicht zugleich noch größer wäre (vgl. IV. Laterankonzil, 1215: Denzinger-Hünermann 806). Im Vergleich zu allen Geschöpfen ist Gott der grenzenlose Ozean des Seins und die unerschöpfliche Quelle des Lebens. In einer paradoxen Formulierung könnte man sagen: Gott ist der gegenüber seiner Schöpfung ganz Andere, weil er nicht „ein anderes" Ding neben all jenen ist, die diese Welt bevölkern, die wir mit den Sinnen wahrnehmen und begrifflich klassifizierend erkennen können. Vielmehr ist er die allem Einzelnen und Unterschiedenen zugrunde liegende Urwirklichkeit. In ihr vereinen sich, wie die christliche Trinitätslehre bekennt, Einheit und Vielheit in einer höheren, als solche für uns unerfaßlichen Weise. Gott ist im Vergleich zu unserem Verstehen immer der je größere Gott. Selbst der weiseste Denker und genialste Theologe muß am Ende bekennen, was der hl. Thomas von Aquin in die schlichte Grundeinsicht der negativen Theologie gefaßt hat: Wir wissen nicht, was Gott ist. Sein Wesen bleibt unserem Geist ein undurchdringliches Geheimnis. Was wir von ihm, dem Unendlichen, begreifen, ist immer nur sein Abbild und seine Spur im Anblick der endlichen Welt, die auf ihn verweist, weil er sie geschaffen hat.

Wenn Paulus uns warnt, diese Unbegreiflichkeit Gottes niemals zu vergessen, geht es ihm aber in erster Linie gar nicht um eine Aussage auf der Ebene theologischer Reflexion. Vielmehr dürfen wir seine Worte ganz unmittelbar als Weisung für unser christliches Leben, für unseren gläubigen Alltag verstehen. Denn auch hier ist es von entscheidender Wichtigkeit, ob unser Denken von Gott Staunen über ihn bleibt. Nur wenn wir uns der Unbegreiflichkeit Gottes bewußt sind, werden wir unseren Glauben in denjenigen Situationen bewahren können, in denen wir die Pläne und das Handeln Gottes an uns nicht mehr verstehen: wenn unser Schicksal eine Wendung nimmt, die wir selbst uns nicht gewünscht haben; wenn wir den Eindruck bekommen, Gott habe uns vergessen, seine Vorsehung trage uns nicht mehr; wenn wir vielleicht sogar beginnen, an seiner Güte und an unserer Erlösung zu zweifeln. In solchen Augenblicken hängt alles davon ab, ob wir uns an die Überzeugung klammern können: Gott hat trotz alledem einen Plan für uns – auch wenn wir ihn im Augenblick so wenig begreifen wie Gott selbst. Solche Momente der Ratlosigkeit und der Dunkelheit können zu einer neuen, nicht leichten, aber um so tieferen Gottesbegegnung führen – nämlich dann, wenn wir Ihn als den freien und souveränen, den sich entziehenden und sich verhüllenden, kurz: als den unbegreiflichen und unerforschlichen Gott akzeptieren, über den der Mensch nur staunen kann. Das ist ein wesentliches Moment seiner Realität, das wir oftmals geneigt sind zu vergessen und zu verdrängen, wenn wir so selbstverständlich und kindergottesdienstgerecht vom „lieben" Gott sprechen. Nur wenn wir die ganze Wirklichkeit Gottes bekennen, werden wir auch in den schweren Stunden, die er uns zumutet, nicht verzweifeln.

Neben dieser Warnung, Gott nicht in die engen Maßstäbe unseres menschlichen Denkens einzusperren, enthalten die Worte des Apostels Paulus aber auch noch ein Zweites, nämlich einen Aufruf. Wenn Gott der Unbegreifliche ist, dann ist die einzige Haltung für uns Menschen, die ihm gegenüber angemessen ist, staunender Lobpreis und Anbetung. „Ihm sei Ehre in Ewigkeit!" – so endet darum der zitierte kurze Abschnitt des Römerbriefs. Ehre und Lobpreis sind die endgültigen Haltungen der Kreatur vor Gott. Vor dem Geheimnis Gottes ist der Mensch nicht so sehr berufen zu erkennen, sondern anzuerkennen; nicht zu analysieren, sondern im überwältigenden Anblick seiner Majestät, Schönheit und Heiligkeit anbetend niederzuknien. Das ist unsere letzte und eigentliche Lebensaufgabe: Anbeter Gottes zu werden. Denn er ist ja, wie Paulus sagt, das Ziel von allem: „Aus ihm und durch ihn und auf ihn hin ist die ganze Schöpfung." Wer anbetet, ist darum kein weltfremder Träumer, sondern einer, der die wahre Ordnung der Welt begriffen hat. Gott ist das Ziel der ganzen Wirklichkeit, und darum gibt es auch in der Realität unseres Lebens keinen Aspekt, der mit ihm nichts zu tun hätte oder der uns letztendlich von ihm wegführt. Geschöpf zu sein bedeutet, immer und in jeder Hinsicht aus der Beziehung zu Gott zu sein. Es gibt nichts, was diese Wahrheit aufheben könnte, und darum kann jede Situation, in die wir geraten, Anlaß zum Lobpreis werden. Im Glück und in der Not, im Jubel und in der Klage, mit Lachen im Gesicht und mit Tränen in den Augen – am Ende muß immer wieder das Bekenntnis stehen, das die Kirche im Gloria der Messe ablegt: „Du allein bist der Heilige, du allein der Herr, du allein der Höchste!" Diese Anbetung ist der wahre Vorgeschmack des Himmels auf Erden, mehr als das intellektuelle Wissen oder das moralische Tun. Und darum ist die Liturgie, die Feier des Gottesdienstes, der Ort, wo wir dem unbegreiflichen Gott besonders nahe kommen: weil wir ihn hier anbeten, loben und preisen dürfen. Alles, was die Anbetung in der Liturgie fördert, ist darum richtig und gut, und alles, was von ihr wegführt, weil dadurch andere, menschliche Themen in den Vordergrund geschoben werden, entspricht ihr letztlich nicht. Unsere Liturgie ist ein Spiegel unseres Gottesbildes. Wenn es dafür einen richtigen Maßstab gibt, dann denjenigen, den der hl. Augustinus in die Worte gefaßt hat: „Gottes Größe hat kein Ende, darum darf auch dein Lob kein Ende nehmen" (En. in Ps 145,12).

Die großen Theologen der Vergangenheit haben ihre langen Bücher und Traktate stets mit einem Lobspruch auf Gott beendet. Noch der große Tondichter Johann Sebastian Bach schrieb an das Ende seiner Partitur die drei Buchstaben: S. D. G. – Soli Deo Gloria – Gott allein sei die Ehre. Auch das Buch unseres Lebens soll einmal mit diesen Worten enden, mit dem Lobpreis des unergründlichen, uns zum Staunen bringenden Gottes. Denn dann sind wir am Ziel.

Gott, der Dreifaltige

Über die Allerheiligste Dreifaltigkeit, so waren sich die Christen aller Zeiten bewußt, muß man eher in Worten des Gebets als in nüchternen Beschreibungen sprechen. Doch jeder Lobpreis ist zugleich Aussage und Bekenntnis, und das gilt auch für die Worte, mit denen wir den dreifaltigen Gott preisen. „Ehre sei dem Vater und dem Sohn und dem Heiligen Geist, wie im Anfang, so auch jetzt und alle Zeit und in Ewigkeit“: Dieser Satz ist wohl das häufigste und bekannteste Dreifaltigkeitslob in Gebet und Liturgie der Kirche. Das Bekenntnis, das wir mit ihm ablegen, umfaßt drei Aspekte: Das Geheimnis der göttlichen Dreifaltigkeit steht am *Anfang* aller Dinge. Es ist jetzt, in der *Gegenwart*, das Geheimnis, aus dem wir Menschen leben. Und schließlich ist es das *Ziel* in der Ewigkeit, dem wir als Christen entgegengehen.

„*... wie im Anfang ...*“ Bevor es diese Welt gab, war Gott, der dreifaltige Gott. Er ist der Anfang, hinter den es kein Zurück gibt. Es ist der Urgrund, aus dem alles Dasein strömt. Er ist die Quelle des Seins, an der alles Geschaffene Anteil nimmt. Von Ewigkeit her ist Gott, der Eine in drei Personen: Vater, Sohn und Heiliger Geist. So wie er sich den Menschen in der Zeit geoffenbart hat, so ist er schon immer. So lebt er vor allem Anfang und ist er in sich: unendlich vollkommen und glücklich. Wir stehen vor einem letzten Mysterium, wenn wir dieses dreifaltige Sein Gottes zu begreifen suchen, weil es so wenig den

Vorstellungen entspricht, die Menschen sich natürlicherweise von Gott gemacht haben. In der Antike stellte man sich entweder eine Vielzahl von Göttern vor, die am Ende ähnlich wie die Menschen sind, nur etwas mächtiger. Das waren die Ideen der Volksreligion. Oder man dachte Gott umgekehrt als den radikal Einen, der in sich jede Vielheit ausschließt, ja demgegenüber das Viele letztlich unvollkommen und schlecht ist. Das war die Vorstellung mancher Philosophen, etwa in der Schule Platos. Die biblische Offenbarung durchkreuzt diese Gottesbilder, indem sie uns lehrt: Gott ist Einheit und Vielheit zugleich, der eine Gott in drei Personen. Am biblischen Gottesbild zerbricht der Polytheismus der Heiden ebenso wie die Konstruktion eines monadischen Gottes nach den Maßgaben unserer Vernunft. Der Gott der Christen ist der eine Gott Israels: der, neben dem es keine anderen Götter gibt. Und doch trägt er jene Gemeinschaft zutiefst in sich, die vor den Menschen sichtbar wurde, als der Sohn Jesus Christus, erfüllt vom Heiligen Geist, die Herrschaft des Vaters im Himmel den Menschen als ihre Zukunft verkündete. Wenn Gott sich uns wirklich zeigen will, wie er selbst ist, dann muß das dreifaltige Geheimnis in der Zeit wurzeln im dreifaltigen Geheimnis Gottes seit Ewigkeit.

Schon der Evangelist Johannes versucht, dieses Geheimnis in Worte zu fassen, wenn er einen alten Hymnus auf den „Logos", das „Wort", umgestaltet für seine christliche Verkündigung. „Im Anfang war das Wort, und das Wort war bei Gott, und Gott war das Wort", so beginnt der Text (Joh 1,1). „Im Anfang" – das meint hier: seit Ewigkeit. „Anfang" ist gewissermaßen ein Name für den ewigen Gott selbst. Schon bevor es eine Welt gab, war Gott, und in ihm war „das Wort", der Sohn, identisch mit dem ewigen Anfang, dem göttlichen Vater. Warum gerade „das Wort"? Wenn wir diese Aussage über Gott, das höchste geistige Wesen, das sich denken läßt, verstehen wollen, können wir zunächst auf uns selbst, auf unseren endlichen Geist, schauen. So haben es seit Augustinus fast alle großen Theologen der Kirche getan. Als Menschen dürfen wir sagen: Wir bilden und gebrauchen Worte, um etwas zu erkennen. Wenn ich begreifen will, was ich gerade vor mir sehe, muß ich die Worte „Mensch", „Tisch", „Stuhl" usw. zur Verfügung haben. Bevor ich sie ausspreche, sind sie in meinem Inneren. Das innere Wort kommt vor dem äußeren Laut. Ich bilde und spreche es, ohne es zu „machen" – ein lateinischer Ausdruck für das innere Wort, den Begriff, lautet sehr passend „conceptus" (engl. / frz. „concept"): Mein Geist „empfängt" und „gebiert" das Wort, wenn er es formt, wie ein Kind empfangen wird im Mutterschoß. Sogar wenn ich über mich selbst nachdenken will, brauche ich ein solches Wort: nämlich das Wort „ich". Die Dinge dieser Welt und ich selbst sind *für mich* nur existent, weil mein Geist sie in einem Wort anschauen und begreifen kann. Was schaut Gott seit Ewigkeit an, was erkennt er, bevor die Welt existiert? Er schaut und erfaßt nur sich selbst. Gott bildet vor aller Zeit ein Wort, in dem er sich selbst erkennt. Und weil Gottes Erkennen unendlich ist, ist auch dieses Wort unendlich – es ist Gott selbst. Das Wort, das aus dem ewigen göttlichen Geist hervorgeht, ist identisch mit seinem Ursprung. Gott blickt in den Spiegel seines Geistes, und er sieht sich selbst in einem lebendigen, personalen Bild: in seinem Sohn. In der Sprache des Großen Glaubensbekenntnisses, das auf den Konzilien von Nicäa (325) und Konstantinopel (381) formuliert wurde, heißt es dann:

Der Sohn, das Wort des Vaters, ist „aus dem Vater geboren vor aller Zeit", und dennoch ist er kein Geschöpf, sondern, wie es weiter heißt, „Gott von Gott, Licht vom Licht, wahrer Gott vom wahren Gott". Und der Heilige Geist, der im Johannesprolog nicht ausdrücklich erwähnt ist, geht nach den Worten des Credo aus Vater und Sohn hervor, aber auch er ist nicht geschaffen und hat keinen zeitlichen Anfang, sondern er wird „mit dem Vater und dem Sohn" als wahrer Gott „angebetet und verherrlicht".

Wir müssen also sagen: In Gott gibt es Anfang ohne Zeit. Bewegung und Ruhe, wesenhaftes Sein und personaler Hervorgang sind in ihm unscheidbare Identität. Sohn und Geist haben ihren Ursprung im Vater, und doch sind sie wie dieser immer schon da. Vor solchen Aussagen über Gottes unendliche Wirklichkeit kapituliert unser menschlicher Geist, weil er nur für die Erkenntnis von Endlichem und Zeitlichem geschaffen ist. C. S. Lewis hat einmal geschrieben: Wir können mit unserem begrenzten Verstand die Dreiheit der Personen mit der Einheit des göttlichen Wesens so wenig in einem Erkenntnismoment zusammenführen, wie jemand, der nur in zwei und nicht in drei Dimensionen denken könnte, verstehen würde, daß sechs Quadrate in die Einheit eines Würfels münden. Auch der Glaube an die Trinität bleibt sogar für die scharfsinnigsten Theologen Verneigung vor einer Wirklichkeit höherer Dimension, in die wir erst tiefere Einsicht erhalten können, wenn Gott selbst in der Ewigkeit unser Verstehen seinem eigenen Geist noch viel ähnlicher machen wird, als es bislang ist.

„*... so auch jetzt ...*" Das Geheimnis der Dreifaltigkeit ist nicht bloß der unergründliche Anfang, der vor aller Schöpfung steht. Es ist auch jetzt, in der Gegenwart unserer Welt, das Geheimnis, aus dem wir Menschen leben. Der Glaubenssatz von der Trinität ist kein totes Katechismuswissen, keine für unser religiöses Leben bedeutungslose Information – er ist vielmehr der Schlüssel zum Verständnis der ganzen Heilsbotschaft von der Annahme des Menschen durch Gott. Denn die zentrale Aussage des christlichen Glaubens lautet, daß der dreifaltige Gott nicht in sich verschlossen geblieben ist, sondern sich mitgeteilt hat. Er hat dies zuerst getan, als er die Welt erschuf. Wie können wir das auf dem Hintergrund dessen, was wir im vorigen Abschnitt über Gott und sein Wort gehört haben, begreifen? „Alles ist durch das Wort geworden, und ohne das Wort wurde nichts, was geworden ist", lehrt der Evangelist Johannes (Joh 1,3). Das ewige Wort, in dem Gott sich selbst erkennt, ist zugleich Ursprung der Schöpfung. Wenn Gott, der Ewige und Unendliche, sich selbst im Wort erkennt, dann erkennt er darin zugleich alles andere. So wie in der weißen Farbe alle anderen Farben des Regenbogens enthalten sind, so sind im Wort Gottes die Ideen aller möglichen Dinge der Welt enthalten. Das heißt: In Gott, dem Sohn, war die Welt schon als ewiger Plan und Entwurf vorhanden, bevor sie tatsächlich geschaffen wurde. Alles, auch ein jeder von uns, ist seit Ewigkeit ein Gedanke Gottes, der eingeschlossen ist in Christus, dem einen göttlichen Wort. Als die Welt tatsächlich als Schöpfung zu existieren begann, trat sie deshalb „durch das Wort", durch den ewigen Sohn ins Dasein. „Durch ihn ist alles geschaffen", sagt das große Glaubensbekenntnis. Darum wird auf manchen Bildern der mittelalterlichen Kunst Gott als Schöpfer in der Person Christi dargestellt, der einen großen Zirkel in der Hand hält, mit dem er wie ein kluger Architekt die vernünftige Ordnung der Welt absteckt. Die Welt als logisch geordnete, vernünftig verstehbare, trägt das Antlitz Christi, des göttlichen Logos. Der Vater ist Schöpfer durch den Sohn. Nichts anderes braucht er für die Schöpfung als ihn, sein ewiges Wort.

Die Schöpfung ist darum Gottes Uroffenbarung. Schon durch sie wollte Gott den Reichtum seines dreifaltigen Lebens kundtun und weitergeben. Er wollte dies nicht, weil er die Welt gebraucht hätte, denn, so sagt die Kirche gleich im ersten Satz ihres Katechismus, „Gott ist in sich unendlich vollkommen und glücklich" (Katechismus der katholischen Kirche 1). Vollkommenheit, so hat Saint-Exupéry einmal bemerkt, entsteht nicht dann, wenn man nichts mehr hinzufügen kann, sondern wenn man nichts mehr wegnehmen kann. So ist es bei Gott: Seinem Glück kann nichts weggenommen werden, und es bleibt vollkommen, wenn er eine Welt schafft aus reiner, freier Liebe. Gott ist die grenzenlose Güte, die nichts verliert, wenn sie sich verschenkt, und die nicht geringer wird, wenn sie andere an ihrer Fülle teilhaben läßt. Wie Vater, Sohn und Geist seit Ewigkeit in liebender Gemeinschaft verbunden sind, so wollte die Dreifaltigkeit diese Gemeinschaft der Liebe ausweiten auf den Kosmos der Geschöpfe. „Deus vult condiligentes" – „Gott will Mitliebende", so hat es der sel. Johannes Duns Scotus († 1308), einer der größten Theologen des Mittelalters, auf den Punkt gebracht.

Diese Selbstmitteilung Gottes an die Geschöpfe findet ihren Höhepunkt im Werk der Erlösung. Gott hat seine Selbst-Gabe angesichts der Sünde des Menschen nicht zurückgenommen, sondern gerade jetzt unüberbietbar gemacht. Daran denkt das Exsultet der Osternacht, wenn es von der „glücklichen Schuld" Adams singt, die einen „so großen Erlöser gefunden hat". Als Christen glauben wir daran, daß Gottes dreifaltige Lebensfülle sich ausgießt in eine Welt, die auf sich allein gestellt dem Untergang verfallen wäre. Der Sohn Gottes wird Mensch in Jesus von Nazareth, um als Erlöser allen Menschen die Gotteskindschaft, den Zugang zum dreifaltigen Leben Gottes zu gewähren, um seinen Schöpfungsplan gegen allen menschlichen Widerstand zur Durchsetzung zu bringen. „Und das Wort ist Fleisch geworden und hat unter uns gewohnt" (Joh 1,14) – auf diesen Satz läuft der Prolog, das Anfangskapitel des Johannesevangeliums mit den Aussagen über das ewige Miteinander von Gott und seinem Wort und über das Wort als Urgrund aller Schöpfung zu.

Wie ein geistiges Wort, das wir im Herzen tragen, etwas Materielles und Sinnliches wird, indem wir es mit unserer Stimme aussprechen, so wird das Wort Gottes sichtbar und wahrnehmbar im Menschen Jesus Christus. Das in der ganzen Schöpfung verborgen anwesende göttliche Wort tut sich kund in einem konkreten menschlichen Antlitz. Wie wir Worte laut aussprechen müssen, um anderen Menschen Anteil an unserem Inneren, an unserem Denken und an unserer Liebe zu geben, so wollte Gott sein Wort in diese Welt senden, um uns Menschen leibhaftig zu zeigen, was er seinem innersten Wesen nach ist und wie sehr er uns, seine Geschöpfe, liebt. Wie wir aber schon in der Begegnung mit dem Wort eines anderen Menschen stets vor der Möglichkeit stehen, ihm zu vertrauen oder nicht, es anzunehmen oder nicht, es als Ausdruck ehrlicher Selbstkundgabe zu akzeptieren oder als bloßes Geräusch zu ignorieren, so ist es auch, wenn wir auf das fleischgewordene Wort treffen, das Gott zu uns spricht: Wir müssen eine Entscheidung fällen, und diese Entscheidung heißt Glauben. Wer sich für den Glauben an Jesus Christus als ewigen Sohn Gottes entscheidet, der, so sagt uns Johannes, erhält die Macht, selbst ein Kind dieses Gottes zu werden (vgl. Joh 1,12). Denn ein solcher Mensch hat das Wort, das sichtbar in die Welt gekommen ist, nicht nur gehört und gesehen, sondern er hat es in sich aufgenommen und hat dadurch Anteil erhalten am grenzenlosen Leben, das es in sich trägt.

Der Sohn ist darum die Tür, durch die wir Einlaß erhalten in das innerste Heiligtum Gottes. Die Kraft aber, die Menschen hinführt zu Christus, die sie fähig macht, ihn als Herrn und Erlöser anzuerkennen, ist der Heilige Geist. Er tut dies durch das Geschenk der Gnade, die das menschliche Herz bewegt, verwandelt und zur Wohnung Gottes macht. Der Ort, an dem wir diesem dreifaltigen Gott in der Welt begegnen, unsichtbar im Glauben und sichtbar in den Sakramenten, ist die Kirche. Ihr Wesen besteht darin, ganz und gar Zeichen und Werkzeug des dreifaltigen Gottes zu sein, der in der Geschichte der Menschen handeln wollte. Wenn wir von der Kirche als „Gemeinschaft“, als „Communio“, sprechen, dann ist das in erster Linie immer eine theologische Benennung, nicht eine politische oder soziologische. Die Kirche ist, wie das Zweite Vatikanum mit einem alten Väterwort sagt, „das von der Einheit des Vaters und des Sohnes und des Heiligen Geistes her geeinte Volk“ (Lumen gentium 4). Darum wird in ihr das Lob des dreifaltigen Gottes niemals verstummen.

„*... und in Ewigkeit ...*“ Wenn die Kirche sich ihres Auftrags bewußt ist und ihn treu erfüllt, dann wird sie schon auf Erden immer mehr nach dem Bild des dreieinigen Gottes gestaltet. Die Vollendung dieser Verwandlung aber bleibt der Ewigkeit vorbehalten. Die Kirche des Himmels wird auf ewig im Leben des dreifaltigen Gottes geborgen sein. Wir werden angekommen sein im Haus des Vaters. Wir werden Gastmahl halten mit Christus, dem Herrn. Wir werden für immer umschlossen werden vom unsterblichen Band der Liebe, dem Heiligen Geist. Wir werden die Einheit des Wesens schauen und die Dreiheit der Personen, und wir werden verstehen, was uns jetzt noch verschlossen bleibt. Doch eines sagt uns der Glaube bereits jetzt gewiß: So wie in Gott die Einheit des Wesens nicht gemindert ist durch die Dreiheit der Personen, und wie die Verschiedenheit der Personen keinen Schaden leidet durch die Einheit des Wesens, so wird die Vollendung der Kirche in der Ewigkeit zugleich Vollendung jedes einzelnen und zugleich Vollendung unserer Gemeinschaft sein. Jeder wird persönlich Gott schauen dürfen von Angesicht zu Angesicht und ihn besitzen und genießen als sein höchstes Gut; und doch werden wir erst alle gemeinsam das vollkommene Abbild der göttlichen Dreifaltigkeit sein. Im Himmel werden die Grenzen fallen, die uns Menschen jetzt noch voneinander trennen, und doch werden wir erst dort ganz wir selbst sein, ein jeder für sich. „Ich" und „Wir", zwei Worte, die vorerst so oft in Konflikt miteinander geraten, werden im Himmel keinen Gegensatz mehr darstellen. Denn in Gott, dem Dreifaltigen, gehören „Ich" und „Wir" stets untrennbar zusammen.

Die Welt ist wie ein Fluß, der einst zu der Quelle zurückkehren wird, aus der er entsprungen ist. Diese Quelle ist der lebendige, dreieinige Gott, zu dessen ewigem Lobpreis der Mensch und in ihm die ganze Schöpfung berufen ist: „Ehre sei dem Vater und dem Sohn und dem Heiligen Geist, wie im Anfang, so auch jetzt und alle Zeit und in Ewigkeit."

SCHÖPFER DES HIMMELS UND DER ERDE

Schöpfung – Sünde – Erlösung

Die Welt ist alles, was der Fall ist" – mit diesem lakonischen Satz beginnt eines der berühmtesten philosophischen Bücher des 20. Jahrhunderts, nämlich Ludwig Wittgensteins 1918 vollendeter „Tractatus logico-philosophicus". Mit wenigen Worten hat Wittgenstein hier das Weltverständnis des modernen Menschen auf den Punkt gebracht. Wenn wir von „Welt" sprechen, sprechen wir über das, was sich messen, beobachten, beschreiben läßt; über Tatsachen und Sachverhalte, eben über das, „was der Fall" ist. Wo die beschreibbaren Tatsachen aufhören, da endet in dieser Sicht auch die Welt. Wie im Kosmos des Aristoteles die oberste Sphäre, so ist im Kosmos der Moderne das Faktum gleichsam der unüberschreitbare Innenrand der Welt. „Die Welt ist alles, was der Fall ist" – aber gewiß nicht mehr.

Als Theologen dürfen wir uns die interpretatorische Freiheit herausnehmen, den Satz Wittgensteins einmal im Licht eines ganz anderen Textes zu deuten, der über Menschsein in dieser Welt spricht. Ich denke dabei an eine zentrale Passage des zweiten, älteren Schöpfungsberichts, wie er sich in Kapitel 2 und 3 des Buches Genesis findet. Die Geschichte von dem, was Adam und Eva im Paradies getan haben, als sie entgegen Gottes Gebot vom Baum der Erkenntnis aßen, nennen die Theologen eine Ätiologie – eine „Ursachengeschichte". Es ist der Versuch gläubiger Menschen in Israel zur Zeit des bereits entfalteten Glaubens an den Gott Jahweh, die Ursachen ihrer Gegenwart aufzudecken, die Welt zu erklären, so wie sie jetzt ist. Dieses Jetzt heißt: Menschen leben unter den Bedingungen von Mühsal, Bedrohung und Leiden, von Scham, Schuld und Tod. Das sind die Tatsachen unseres Lebens, an denen sich bis heute nichts geändert hat. Wer an Gott glaubt, kann sich nicht damit abfinden, daß diese Fakten das letzte Wort haben sollen. Die Welt, wie sie jetzt ist, kann nicht die Welt sein, wie der gute Schöpfergott sie gewollt hat. In der theologischen Sicht der Urgeschichte bekommt der Satz, daß die Welt alles sei, was der Fall ist, darum einen anderen, einen neuen Sinn. „Der Fall" ist für die Heilige Schrift das, was „der Sündenfall" der ersten Menschen mit sich gebracht hat. Ursprünglich aber war die Welt anders, war sie mehr als bloß das, „was der Fall ist". Ursprünglich war die Welt nicht ein Sammelsurium „nackter Tatsachen", sondern erfüllter Raum der Begegnung zwischen Gott und Mensch. Sie war Paradies.

Die Welt des Paradieses, wie sie uns die Urgeschichte in Genesis 2–3 vor Augen stellt, ist ganz und gar Ausdruck der Sorge des Schöpfergottes für den Menschen. Sie ist die Sichtbarkeit der Gottesgemeinschaft, in die das Geschöpf Mensch nach dem Willen des Schöpfers eingeladen war. Diese Welt ist ein Stück göttlichen Besitzes, das dem Menschen übereignet wird, genauso wie der Atem, den Gott ihm eingehaucht hat. Mehr noch: Gott selbst ist im Garten Eden präsent. Wie ein kunstfertiger Handwerker formt er dort aus der Seite des schlafenden Mannes Adam Eva, die Frau, und zuweilen kann man ihn antreffen, wenn er „gegen den Tagwind“ im Garten spazierengeht (Gen 3,8). Alles, was es in dieser Welt gibt, spricht davon, daß es von Gott für den Menschen gemacht ist. Was das Paradies zum Paradies macht, ist, daß es hier keine bloßen Tatsachen und Sachverhalte gibt, sondern nur Dinge mit Zusammenhang, mit Sinn und Bedeutung – Dinge, die zur „Welt“ werden, weil sie nicht aus sich selbst, sondern aus ihrem Bezug zu Gott wirklich sind. Klar vor Augen tritt uns dies in den beiden Bäumen, die in der Mitte des Paradiesgartens stehen, in dem Baum des Lebens und dem Baum der Erkenntnis. Ihr Wesen besteht nicht darin, Baum zu sein, sondern Medium für die Kommunikation zwischen Mensch und Gott. In der Bindung an seine göttliche Mitte ist der Mensch nicht unfrei oder passiv. Er darf vielmehr mitschöpferisch tätig werden, indem er den Garten hegt, den Acker bebaut, den Dingen und Tieren erst ihre Namen gibt. Aus dem Leben mit Gott entspringt Adams In-der-Welt-Sein.

Diese Welt, so sagt uns die Urgeschichte, ist durch die Schuld der ersten Menschen, durch ihr Übertreten von Gottes Gebot, zerbrochen. Das lichte Geheimnis des Paradieses ist überlagert worden vom finsteren Geheimnis der Sünde. Die Ausleger von Genesis 3 haben immer wieder darüber nachgedacht, worin wohl die eigentliche Schuld des ersten Menschenpaares bestanden hat. Es war ihnen klar, daß es in der Erzählung kaum um die Übertretung einer Speisevorschrift und letztlich auch nicht nur um die Mißachtung des obersten Gehorsamsgebotes geht. Der Bruch zwischen Mensch und Gott reicht tiefer. Er setzt dort an, wo sich Eva und Adam durch den Genuß der verbotenen Frucht die Öffnung der Augen, jene „Erkenntnis von Gut und Böse" versprechen, von der die verführerische Schlange behauptet, daß durch sie der Mensch „wie Gott" werde. Aber auch das ist nicht unmittelbar zu verstehen. Was ist damit gemeint: „werden wie Gott"? Sicher nicht, wie manche Philosophen der Aufklärungszeit meinten, bloß das Erwachen des Menschen zum sittlichen Dasein, zum Leben des Subjekts mit Gewissen und Verantwortung. Gemeint ist möglicherweise auch nicht die Hybris, Gott selbst vom Thron stoßen oder im strengen Sinn ihm gleich werden zu wollen – Thomas von Aquin jedenfalls ist überzeugt, daß es geradezu eine Beleidigung der Intelligenz des ersten Menschen wäre, ihm zu unterstellen, er habe seinshafte „Gottgleichheit" angezielt (vgl. S. th. II-II, 163, 1 c.). Kein Geschöpf, das bei Sinnen ist, kann sich so etwas vornehmen. Was Adam und Eva sich erträumten, war vielmehr: Gott durch Erkenntnis ähnlich zu werden, ohne auf Gottes Hilfe, ohne auf seine Gnade angewiesen zu sein. Was der Mensch nur mit Gott erreichen konnte (ja erreichen sollte!), das wollte er ohne ihn erlangen. Das kindliche Daheim-Sein bei Gott reichte ihm nicht mehr aus. Er wollte von selbst die Baupläne des Lebenshauses ergründen, das Gott ihm errichtet hatte. Das ist der Hochmut der ersten Sünde: der Wahn, durch irgendeine Technik oder Formel, durch einen bislang verborgenen Trick, durch Nutzung einer unbekannten Methode der Welt auch ihr allerletztes Rätsel zu entlocken und sie damit vom Standpunkt Gottes aus überblicken zu können. Die Ursünde ist der Versuch des Menschen, wenigstens auf dem Weg des Wissens die Grenzen der Geschöpflichkeit zu überwinden. Mit ihr wird der Verstand als Inbegriff der Gottähnlichkeit des Menschen zum Ausgangspunkt seiner bleibenden Entfremdung von Gott. Was vielfach als eigentliches Drama der Moderne benannt worden ist, hätte seine Wurzeln dann viel früher.

Dem Menschen der Urgeschichte werden tatsächlich die Augen geöffnet, als er vom Baum der Erkenntnis ißt, aber ganz anders, als er es sich vorgestellt hat. Ihm erschließt sich die tiefste Wahrheit der Schöpfung – doch die besteht nicht in der Freilegung ihres Konstruktionsprinzips, sondern im Bewußtsein radikaler Endlichkeit und universaler Sterblichkeit. Adam und Eva „gingen die Augen auf, und sie erkannten, daß sie nackt waren". In diesem Moment wird die Schöpfung zur Natur, das Paradies zur Um-Welt, der Sinn zum Sachverhalt. Von diesem Augenblick an ist die Welt „alles, was der Fall ist" – und der Mensch ein Faktum unter Fakten, ja noch weniger als das, weil die Welt von nun an sogar verbirgt, was es im strengen Wortsinn bedeutet, „Faktum" zu sein: nämlich „Gemachtes", von Gott Geschaffenes. Von nun an ist die Welt sie selbst und sonst nichts.

In dieser Welt leben wir bis heute. Es gehört zur Strafe des Sündenfalls, daß der Mensch nicht bloß die Gemeinschaft mit Gott, sondern sogar das sichere Wissen um Gott und die eigene gottgeschenkte Bestimmung verloren hat im unüberschaubaren Dschungel deutungsoffener Tatsachen. Wohin weist uns die Geborgenheit der Kindheit, wohin zielt die Hingabe unbedingter Liebe, wohin strebt die Suche nach letzter Wahrheit und unverlierbarem Glück? Ist die Welt tatsächlich Erinnerung und Spur des verlorenen Paradieses oder nur eine Fata Morgana von Erfüllung und Ewigkeit? Verlangt Natur unweigerlich nach Gnade? Ist menschliche Sehnsucht am Ende wirklich mehr als tragische Sinn-Sucht? Das sind die Fragen, an denen sich Atheismus und Glaube scheiden, im säkularen Europa unserer Gegenwart schärfer als je zuvor. Daß unser Verstand sich nach ihrer Beantwortung sehnt, aber aus eigener Kraft so oft daran scheitert, macht seine Versehrtheit und Erlösungsbedürftigkeit aus. Er bedarf des Lichts, das Christus schenkt.

Christsein bedeutet: aus Gottes Versprechen zu leben, daß das Paradies kein Mythos der Vergangenheit, sondern die wahre Realität unserer Zukunft ist, einer Zukunft, die aufgeleuchtet ist im österlichen Geheimnis Jesu Christi. Christsein besteht im Glauben daran, daß Jesu machtvolles „Effata“ den taubstumm geborenen Menschen zurückführen kann in den Dialog mit Gott; daß das gehorsame Leiden des neuen Adam den Hochmut des alten Adam gesühnt hat und daß sein Kreuz Baum der Erkenntnis und Baum des Lebens zugleich werden soll für eine neue, auf ewig mit Gott geeinte Menschheit. „Die Welt ist alles, was der Fall ist“ – aber in Wirklichkeit ist sie unendlich viel mehr. Zu diesem „Mehr“ dürfen wir uns als Christen bekennen: in unserem Denken und in unserem Leben, im Vertrauen auf unseren Schöpfer und Erlöser.

JESUS CHRISTUS, GOTTES EINGEBORENER SOHN, UNSER HERR

Christus – Anfang, Mitte und Ziel

Ein Film, bei dem man Anfang und Ende abgeschnitten hat – das ist für viele Menschen die Geschichte ihres Lebens. Auf einmal stehen wir da in der Kulisse der Welt. Unseren Ursprung kennen wir nicht, und niemand hat uns gefragt, ob wir eigentlich in diesem Stück mitspielen möchten. Das Ende des Streifens wird ebenso abrupt sein wie der Anfang: ein plötzlicher Schnitt mitten durch die laufende Szene – und dann Dunkelheit. In dieser Aufführung ohne Anfang und Ende gibt es keine Hauptpersonen. Alle sind nur Statisten, die ihre wahre Rolle nicht kennen und nie ein Drehbuch gesehen haben. Es ist eine grausame Inszenierung, in der die Akteure nicht miteinander, sondern gegeneinander auf der Bühne stehen. Und so muß jeder seine Kräfte einsetzen, um wenigstens eine Zeitlang im Vordergrund zu bleiben. Die Stichworte für den kurzen Auftritt hat man sich selbst zu suchen, und der hilflose Akteur weiß nur, daß das Spiel ohne große Unterbrechung weitergehen wird, wenn für ihn selbst irgendwann die letzte Klappe gefallen ist.

Wie unterschiedlich sieht demgegenüber das Bild der Welt und des menschlichen Schicksals in ihr aus, das der Kolosserbrief in dem wunderbaren Hymnus zeichnet, der im Zentrum seines ersten Kapitels steht (1,15–20): Christus „ist das Ebenbild des unsichtbaren Gottes, der Erstgeborene der ganzen Schöpfung. Denn in ihm wurde alles erschaffen im Himmel und auf Erden, das Sichtbare und das Unsichtbare, Throne und Herrschaften, Mächte und Gewalten; alles ist durch ihn und auf ihn hin geschaffen. Er ist vor aller Schöpfung, in ihm hat alles Bestand. Er ist das Haupt des Leibes, der Leib aber ist die Kirche. Er ist der Ursprung, der Erstgeborene der Toten; so hat er in allem den Vorrang. Denn Gott wollte mit seiner ganzen Fülle in ihm wohnen, um durch ihn alles zu versöhnen. Alles im Himmel und auf Erden wollte er zu Christus führen, der Friede gestiftet hat am Kreuz durch sein Blut." Für den Apostel ist die Geschichte des Menschen in der Welt kein gerissener Film ohne Sinn, sondern sie besitzt Anfang, Mitte und Ziel. Anfang, Mitte und Ziel dieses Weges aber tragen denselben Namen: Jesus Christus.

Jesus Christus ist *der Anfang*. Bevor die Welt beginnt, ist er, denn er ist das Bild des unsichtbaren Gottes selbst. Ein Bild hat nur einen einzigen Zweck: nämlich das, was es abbilden soll, möglichst gut zur Erscheinung zu bringen. Alle Bilder, die wir Menschen kennen, mögen sie auch noch so gelungen sein, sind niemals vollkommen, denn irgendwie bleiben sie hinter dem Original zurück. Niemand könnte ein Gemälde erstellen, das dem Abgebildeten in allem gleich wäre. Jesus Christus aber ist das vollkommene Bild des Vaters: „Gott von Gott, Licht vom Licht, wahrer Gott vom wahren Gott", wie später das Große Glaubensbekenntnis der Kirche sagen wird.

Darum ist sein Wesen nicht von dem des Vaters verschieden, sondern beide sind eins in der geheimnisvollen Einheit der göttlichen Dreifaltigkeit. Weil Christus das Abbild Gottes von Ewigkeit ist, deshalb kann es auch eine Welt geben, die Abbild Gottes in der Zeit ist. Das ewige Bild ist Ursprung aller geschaffenen Bilder. Am Anfang der Geschichte steht nicht ein abstraktes Prinzip oder eine unpersönliche Materie, sondern Christus, der Sohn des Vaters; kein „Es“, sondern ein „Du“, das die liebenden Züge Gottes trägt. Er überragt alle Schöpfung, wie der „Erstgeborene“ nach antikem Recht vor seinen Geschwistern steht. Alle Ideen der Geschöpfe sind in ihm vorausgedacht. Der Film der Schöpfung verläuft nicht ohne Plan, sondern von Anfang an ist der Regisseur Gott, der in Christus sein Drehbuch entwirft. In ihm sind sämtliche Darsteller berücksichtigt – die großen und kleinen, Engel und Menschen und jede Kreatur. Im Wort, das der Vater von Ewigkeit spricht, ist die ganze Schöpfung schon eingeschlossen. Denn „in ihm hat alles Bestand“.

In der Theologie des Lobpreises, die der Kolosserhymnus entfaltet, ist Christus nicht nur der Anfang, sondern auch *die Mitte* unserer Welt. Das ewige Bild des Vaters ist nicht im unerreichbaren Jenseits Gottes verblieben, sondern es ist Mensch geworden. Darum sagt der Apostel: Im Menschen Jesus Christus „hat es Gott gefallen, seine ganze Fülle wohnen zu lassen“. Gott ist kein ferner Zuschauer unseres Spiels, sondern er hat sich selbst zum Akteur gemacht. Und der Hymnus sagt uns auch, warum seitdem die Mitte der Weltgeschichte Christus heißt: Er ist der Versöhner zwischen Himmel und Erde, der Friedensstifter durch das Blut seines Kreuzes. Seit dem Tag von Golgotha wissen wir, daß wir nicht bloße

Erfüllungsgehilfen in einer sinnlosen Posse sind. Das Blut des Kreuzes ist das Blut eines neuen Bundes, das einen jeden, der daran Anteil nimmt, zum Kind Gottes macht, zum Glied an Christi Leib. Seit Christus in die Weltgeschichte eingetreten ist, wird alles von einer neuen Mitte her umdefiniert, werden die Rollen im Stück neu verteilt. Er bringt die, die vorher am Rand standen, hell ins Licht, und verweist alle selbsternannten Helden ins Abseits. Er macht aus den feindlichen Konkurrenten versöhnte Weggenossen, und scheinbare Statisten erhalten von nun an eine unersetzbare Aufgabe im Drama der Erlösung.

Schließlich ist Christus auch *Ende und Ziel* der Geschichte unseres Lebens in der Welt. „Erstgeborener aus den Toten" nennt ihn der Kolosserhymnus, und damit ist der Blick gewandt auf den letzten Akt. Mit dem Tod wird für einen jeden von uns das irdische Stück beendet sein, in dem er zu spielen hatte. Die letzte Klappe fällt. Doch der Film ist nicht für immer gerissen, die Dunkelheit ist nicht von Dauer. Am Ende des Weges steht der, der uns auf diesen Weg gesandt hat und der uns begleitet hat in jedem Augenblick: Jesus Christus, der Sieger über den Tod. Wir leben nicht nach einem Textheft, in dem die letzten Seiten herausgerissen sind. Durch Christi Auferstehung hat der Herr ein ganz neues Buch für uns aufgeschlagen, das Buch der Ewigkeit, in dem unsere Namen verzeichnet sind. Jesu Ostersieg ist die Brücke zwischen unserer Zeit und dieser Ewigkeit. Es wird eine ganz neue Geschichte sein, die dann beginnt, ein unendlicher Roman aus der Feder Gottes, in dem jedes Kapitel besser sein wird als das vorhergehende. Und wir alle dürfen darin vorkommen.

So sieht das Bild eines Lebens aus, das Anfang, Mitte und Ziel hat. Es bleibt uns überlassen, ob wir uns in dieses Bild einfügen und unseren Lebensfilm nach dem Drehbuch des Glaubens gestalten wollen. Eines ist gewiß notwendig: anzuerkennen, daß im Mittelpunkt von allem nicht wir stehen, sondern daß der Kosmos Ursprung und Vollendung, Erlösung und Sinn von Gott empfängt. Er bleibt der Hauptdarsteller in Jesus Christus, seinem menschgewordenen Sohn.

Die Tür zum Vater

Es gibt Bilder und Symbole, die man keinem Menschen zu erklären braucht, damit er sie versteht. Sie sind jedem, egal aus welcher Rasse oder Kultur er stammt, unmittelbar einleuchtend und zugänglich. Zu diesen Ursymbolen der Menschheit gehört das Bild der Tür. Türen gibt es dort, wo unterschiedliche Räume aufeinandertreffen. Eine kleine Tür kann die einzige Stelle sein, an der eine lange, dicke Mauer Durchlaß bietet. Türen verbinden und trennen zugleich, sie dienen als Zugang oder Abgrenzung, denn sie können offen oder geschlossen sein. In unserem Alltag nehmen wir Türen häufig gar nicht wahr – ihre Funktion ist uns eine Selbstverständlichkeit. Oftmals werden sie uns erst dann bewußt, wenn sie gegen unsere Erwartung verschlossen bleiben: wenn man uns irgendwo eingesperrt hat oder wenn wir zu spät gekommen sind und draußen bleiben müssen.

Zwei wichtige Vertreter der modernen Literatur haben die bedrückende Erfahrung des Aus- bzw. Eingeschlossenseins in der Bildsprache ihres Werkes aufgegriffen. Unmittelbar nach dem Zweiten Weltkrieg schrieb Wolfgang Borchert das Hörspiel und Bühnenstück „Draußen vor der Tür“. Es handelt vom Soldaten Beckmann, der nach Jahren in russischer Gefangenschaft verletzt und zerschunden nach Deutschland zurückkehrt, aber am Ort seines früheren Lebens keine Familie, kein Zuhause und keinen Lebenssinn mehr finden kann. Der Zugang zu der Welt, die ihn einmal beherbergt hatte, ist für immer versperrt. „Draußen vor der Tür“ bleiben zu müssen, wird zum Sinnbild existentieller, tragischer Heimatlosigkeit des vom Schicksal geschlagenen Menschen. Die Hölle ist das Ausgeschlossensein, die verlorene Geborgenheit und Orientierung in einer Welt, die zur Ruine geworden ist. Wenige Jahre vor Borchert hatte in Paris Jean-Paul Sartre sein Drama „Huis clos“ – zu deutsch: „Bei geschlossenen Türen“ – uraufführen lassen. Hier ist die Tür von der anderen Seite versperrt. Sartre inszeniert die ewige Verdammnis in einem schäbigen Hotelzimmer, wo ein Mann und zwei Frauen gemeinsam für immer eingeschlossen werden und jede Möglichkeit zur Flucht verwehrt ist. In der Beziehung dieser Personen, die einander nicht entkommen können, offenbart sich die Verzweiflung, mit der jeder Mensch seine Freiheit gegen die der anderen zu verteidigen sucht. Es entsteht ein Teufelskreis der Selbstbehauptung voll Unwahrhaftigkeit und Lüge. In der Enge der „verschlossenen Türen“ ist jeder Peiniger und Gepeinigter zugleich. „Die Hölle – das sind die anderen“, lautet das berühmte resignative Resümee, das der Atheist Sartre einen seiner Eingeschlossenen sprechen läßt. Die beiden Theaterstücke von Borchert und Sartre machen deutlich: Dauerhaft verschlossene Türen, egal ob nach innen oder nach außen, sind ein Symbol des Schreckens. Denn dem Ausgeschlossenen rauben sie die Heimat, dem Eingeschlossenen aber zerstören sie die Freiheit. Vor beidem haben wir Angst.

Gegen unsere menschliche Furcht vor der verschlossenen Tür stellt Christus im Johannesevangelium ein Wort der Erlösung: „Ich bin die Tür; wer durch mich hineingeht, wird gerettet werden; er wird ein- und ausgehen und Weide finden“ (Joh 10,9). Der Herr vergleicht sich selbst mit einer geöffneten Tür. Das heißt: Er steht verbindend zwischen zwei Räumen, die eigentlich voneinander getrennt sind. Diese Räume sind die Welt des heiligen Gottes und die Welt des sündigen Menschen. Nirgendwo ist diese Trennung drastischer ausgedrückt als in den ersten Kapiteln der Schrift, in der Urgeschichte des Buches Genesis. Nach dem Sündenfall, so lesen wir dort, vertrieb Gott den Menschen aus dem Paradies und „stellte östlich des Gartens von Eden die Kerubim auf und das lodernde Flammenschwert, damit sie den Weg zum Baum des Lebens bewachten" (Gen 3,24). Die christliche Kunst hat seit ältester Zeit diesen verwehrten Zugang als verschlossenes Tor dargestellt. Die weiten offenen Portale der christlichen Kirchen und Kathedralen dagegen sind nicht selten mit einem unübersehbaren Kreuz oder Christusbild geschmückt. Mit dem Kommen des Gottessohnes, so lautet die Botschaft dieser Darstellungen, ist alles anders geworden. An die Stelle des mächtigen Wächterengels, der den Zugang versperrt, tritt Christus, die offene Tür zu Gott. Aus dem verschlossenen Paradies wird das weit offenstehende Haus des Vaters, in dem es „viele Wohnungen" gibt für die erwählten Menschen (vgl. Joh 14,2). Das bedrohliche Flammenschwert verschwindet, und der Blick wird frei in die geheime Welt des Allerhöchsten, so daß der Seher Johannes in der Apokalypse mitteilen darf: „Eine Tür war geöffnet am Himmel, und die Stimme (...) die wie eine Posaune klang, sagte: Komme herauf ..." (Offb 4,1). Jesus Christus ist die Tür: der Mittler, der die Menschen wieder einlädt, zu Gott zu kommen. Er allein verbindet Diesseits und Jenseits, Himmel und Erde. Wer durch ihn eingeht, wer im Glauben an ihn zu Gott gelangt, der „wird gerettet werden".

Im Haus des Vaters, oder, um im ersten Bild des Johannesevangeliums zu bleiben, im Schafstall, an dessen Schwelle der Gute Hirt Jesus Christus steht, brauchen wir Menschen keine Angst mehr zu haben, vor verschlossenen Türen zu enden – weder abweisend ausgeschlossen noch bedrückend eingeschlossen zu werden. Denn auf der einen Seite ist das Reich Gottes, in das wir durch Christus Einlaß finden, unsere ewige Heimat. Das ist das große Plus eines Christen vor allen ungläubigen Menschen in dieser Welt: Er weiß, daß er, wenn er seine Zelte auf Erden abbrechen muß, nicht obdachlos wird. In Gottes Ewigkeit wartet auf ihn ein Zuhause, das tausendmal schöner ist als jeder Ort, den er hier und jetzt bewohnen mag. Für die Menschen ohne Gott ist der Tod eine Sackgasse, der Weg in die Auflösung und Vernichtung, bestenfalls der Schritt vor ein undurchschaubares Tor, hinter dem die bedrohliche Fremde wartet, das triste Dunkel, das freudlose Schattenreich. So haben schon die antiken Heiden über den Tod gedacht, und dieser Gedanke hat sie bedrückt und traurig werden lassen, wie wir in manchen Gedichten eines Horaz oder Vergil spüren können. Auch für einen Christen behält der Tod etwas Dunkles und Geheimnisvolles; denn er ist ja die Zerstörung unseres Menschseins, gegen die wir uns mit Recht sträuben. Aber die Angst weicht, wenn wir uns klarmachen, daß Christus auch die Pforte des Todes meint, wenn er sagt: „Ich bin die Tür". Auch hier wartet nicht das namenlose Schicksal auf uns, sondern sein vertrautes Antlitz und seine Stimme, die uns ruft in ein Land des Lichts.

Genausowenig, wie der Glaubende also fürchten muß, für immer ausgeschlossen, zur Heimatlosigkeit verdammt zu sein als Verirrter in den Weiten des Kosmos, genausowenig braucht ihn die Sorge umzutreiben, im Haus Gottes, dessen Zugang Christus heißt, seine Freiheit zu verlieren, bedrängt und eingeschlossen zu werden. Der Gute Hirte sagt im Johannesevangelium ausdrücklich: „Ich bin die Tür; wer durch mich hineingeht, wird gerettet werden; er wird ein- *und ausgehen* und Weide finden." Das Reich des Vaters ist kein Gefängnis, das uns die Bewegungsmöglichkeit nimmt. Die „ewige Ruhe", um die wir für unsere Verstorbenen beten, ist alles andere als lähmende Friedhofsstarre. Ganz im Gegenteil: Der Himmel, zu dem Christus unser Leben geleiten will, ist der Ort, wo auch unsere Sehnsucht nach Freiheit, Entfaltung und Selbstsein ganz und gar Erfüllung finden wird. Kein Hunger nach Leben kann so groß sein, daß er nicht unerschöpfliche „Weide" finden könnte im Genuß der Herrlichkeit Gottes. Auch für diese Erfüllung menschlicher Freiheit steht das Bild von Christus, der offenen Tür. Im Himmel gibt es keine einschränkenden Gesetze mehr, weil niemand mehr vom Weg abweichen kann und alle für immer in Gott geborgen sind. Wer durch Christus Zugang erhalten hat in die Ewigkeit, wird in der unendlichen Weite Gottes „eingehen und ausgehen" können, ohne an hemmende Grenzen zu stoßen. In dieser Lebensfülle wird das Wort des hl. Augustinus Wirklichkeit werden: „Liebe – und tu, was du willst".

Der Gute Hirt

Zu den ältesten Bildern Christi, die man in den Katakomben Roms gefunden hat, gehört die Darstellung des Guten Hirten. Der Hirt, wie ihn die Katakombenmalerei zeigt, ist sehr verschieden von den späteren Christusbildern, die oftmals den hoheitlichen Allherrscher oder den strengen Richter darstellen. Der Gute Hirt aus den Katakomben ist eine jugendliche Gestalt, ohne strengen Bart, mit weichen Gesichtszügen, sehr menschlich und nah zum Betrachter stehend. Auf seinen Schultern trägt er ein Schäflein, andere Tiere aus der Herde stehen eng an seiner Seite. Eine friedliche, idyllische Szene, doch ohne rührseligen Beigeschmack.

Das Motiv des Hirten, der in einem Garten seine Herde weidet, war schon für die vorchristliche Antike ein beliebtes Motiv. Die unter den negativen Seiten des Stadtlebens leidenden Römer haben bereits eine regelrechte Landromantik entwickelt, in der das Motiv des Hirten zum Symbol paradiesischer Erfüllung im Land Arkadien wurde. Die Hirtengedichte des Vergil sind das nachdrücklichste Beispiel dafür. Auch für die frühen Christen ist das Bild des Guten Hirten so wichtig geworden, weil es ein Bild des Paradieses ist. Dies zeigt sich daran, daß es häufig auf den plastisch gestalteten Vorderseiten alter Sarkophage gefunden werden kann: Ausdruck der Hoffnung auf das, was nach dem Sterben kommt. Aber der Hintergrund ist jetzt ein ganz anderer als in der heidnischen

Umwelt. Wenn sich ein Christ das Paradies unter dem Bild eines prächtigen Gartens vorstellt, in dem ein Hirt friedlich seine Herde weidet, dann geht es ihm nicht wie den Römern zuvor um eine Verklärung des Landlebens. Der gläubige Christ denkt an erster Stelle an seine Heilige Schrift, die das Bild des Hirten lange vor Christus als Symbol menschlicher Vollendung und Geborgenheit bei Gott kennt. Man braucht dazu nur an den wunderbaren 23. Psalm zu erinnern, der uns heute ebenso anzurühren vermag wie Menschen vor 2000 oder mehr Jahren: „Der Herr ist mein Hirte, nichts wird mir fehlen. Er läßt mich lagern auf grünen Auen und führt mich zum Ruheplatz am Wasser. Er stillt mein Verlangen, er leitet mich auf rechten Pfaden, treu seinem Namen. Muß ich auch wandern in finsterer Schlucht, ich fürchte kein Unheil. Denn du bist bei mir, dein Stock und dein Stab geben mir Zuversicht. Du deckst mir den Tisch vor den Augen meiner Feinde. Du salbst mein Haupt mit Öl, du füllst mir reichlich den Becher. Lauter Güte und Huld werden mir folgen mein Leben lang, und im Haus des Herrn darf ich wohnen für lange Zeit." Der Hirte in diesem biblischen Gebet, niemand anders als Gott, der Herr, ist nicht so, wie sich der alte Orient meistens seine Herrscher vorstellte. Er trägt nicht die Züge des machtvollen Führers, dem die Herde blinden Gehorsam schuldet. Dieser Hirt ist einer, der vorangeht, weil er weiß, daß die ihm Anbefohlenen Schutz und Führung nötig haben. Wer sich von einem solchen Hirten geleitet weiß, so sagt der Psalmist, braucht sich um nichts mehr Sorgen zu machen. Er vertraut darauf, daß der göttliche Hirte ihn durch die dunklen Pfade und steinigen Wege des Lebens unbeschadet hindurchführen wird, und er ist sich sicher, daß er am Ende zu einem Ort gelangt, der für immer Rast und Ruhe schenkt. Das Paradies, der Ort der Vollendung, wie ihn sich die Bibel vorstellt, ist der Ort, wo Gott selbst das innerste Verlangen des Menschen, seine tiefste Sehnsucht erfüllt, wo er ihn satt macht mit der Fülle jener Gaben, die nur er allein zu geben vermag.

Schon im Alten Testament also ist das Bild von Gott als dem Guten Hirten ein Bild des Trostes und der Zuversicht – Er ist da in allen Schwierigkeiten meines Lebens! –, und es ist zugleich ein Bild endgültiger Geborgenheit in „seinem Haus“. Wenn wir ins Neue Testament blicken, begreifen wir, wie die Übertragung auf die Gestalt Jesu Christi das Bild vom Guten Hirten in seine letzte, österliche Erfüllung führt. Wenn Jesus Christus sich bei Johannes (10,11) den „guten Hirten“ nennt, dann ist damit das antike und sogar das alttestamentliche Bild des göttlichen Hirten weit überschritten. Denn Hirt und Schaf können, bleibt man eng am Bild, eigentlich nie auf gleicher Augenhöhe stehen, weil sie sich unterscheiden wie Mensch und Tier. Der göttliche Hirt Christus aber ist den Seinen nahe als Mensch unter Menschen. Während auch der beste Hirt für verrückt gehalten werden müßte, wenn er auf die Idee käme, für ein einzelnes Schaf das eigene Leben aufs Spiel zu setzen, erklärt sich der gute Hirt Christus dazu bereit. Im Munde Jesu wird das Bild vom Hirten ein Bild der unfaßbaren Liebe Gottes zu den Menschen. Aus dem dreifaltigen Dasein Gottes von Ewigkeit tritt diese Liebe ein in unsere Welt: sichtbar, berührbar, mit einem menschlichen Antlitz, dem Antlitz Jesu von Nazareth. So, wie der Vater von Ewigkeit her ihn, seinen einziggeborenen Sohn liebt, wie er ihn im Innersten kennt, weil er selbst ihn gezeugt hat, so liebt der menschgewordene

Sohn die Seinen, die er in die Gotteskindschaft gerufen hat. Er kennt sie besser als sie sich selbst, denn er ist ihr Ursprung und Schöpfungsgrund. Und wie das Leben der göttlichen Dreifaltigkeit unzerstörbare Gemeinschaft ist, so sind die Menschen, die auf die Stimme des Guten Hirten hören, gerufen, einzutreten in die unzerstörbare Gemeinschaft der Familie Gottes als Töchter und Söhne des Vaters in Christus, dem Sohn. Einzutreten – oder sagen wir besser, um im Bild zu bleiben: sich hineintragen zu lassen in die Gemeinschaft mit Gott durch den rettenden Hirten Christus. Denn aus uns selbst heraus könnten wir diesen Schritt niemals tun. Hier entfaltet das Bild vom Guten Hirten seine ganze erlösende Kraft. Christus kommt in die Welt, um uns, die Sündigen und Verwundeten, zu suchen und auf seiner Schulter nach Hause zu tragen. Darum ist das Bild vom Guten Hirten seit alter Zeit auch ein Bild, das man in Taufkapellen findet, etwa im berühmten Baptisterium des Laterans zu Rom. Wer getauft wird, soll begreifen: Christus trägt mich durch die Fluten des Todes hindurch an das Ufer des ewigen Gottesreiches. Er tränkt die Herde, die er sich sammelt durch das Bad der Taufe, an den nie versiegenden Wassern des Lebens. Das alles sind österliche Aussagen, Aussagen über Christus und die Seinen, die durchstrahlt sind vom Glanz der Auferstehung. Darum ist das Evangelium vom Guten Hirten ein österliches Evangelium und wird in der Liturgie bis heute in der Osterzeit vorgetragen. Der Gute Hirt hat sein Leben hingegeben für seine Schafe. Im Licht des Ostermorgens ist der Tod zum Tor geworden, Durchgangsstation zur neuen Welt. Die Schmach des Kreuzes erweist sich als souveränes Opfer des Hohenpriesters Jesus Christus. „Ich habe Macht, mein Leben hinzugeben, und ich habe Macht, es wieder zu nehmen", sagt Christus den Seinen (Joh 10,18). Im Gefolge dieses Herrn braucht die Herde auf dem Weg keine Angst zu haben vor ihrer eigenen Schwäche und den Angriffen des Bösen. Der Gute Hirt ist bereits am Ziel. Seine Schafe müssen ihm nur folgen, und sie werden gute Weide finden. „Was aber ist die Weide dieser Schafe", fragt der hl. Papst Gregor der Große, „wenn nicht die Freude des Herzens im immergrünen Paradies? Denn die Weide der Erwählten ist die Gegenwart von Gottes Angesicht. Wenn wir auf ihn schauen ohne Unterlaß, dann wird unser Herz ohne Ende satt werden an der Speise des Lebens."

EMPFANGEN DURCH DEN HEILIGEN GEIST, GEBOREN VON DER JUNGFRAU MARIA

Sehnsucht und Verheißung

Stellen Sie sich vor, jemand würde Ihnen ein einzelnes, kleines Puzzleteil schenken. Vielleicht könnten Sie etwas darauf erkennen: eine Figur, ein Gesicht, eine Szene. Was die wahre Bedeutung dieses Bildes ist, würde Ihnen aber verborgen bleiben. Das könnten Sie erst begreifen, wenn das kleine Teil eingefügt würde in das volle Bild, in den Zusammenhang der Gesamtdarstellung. Solch ein Puzzleteil wird uns geschenkt, wenn wir das Bild der Verheißung hören, das im siebten Kapitel des Jesajabuches aufgeschrieben ist: „Seht, die Jungfrau wird einen Sohn gebären, und sie wird ihm den Namen Immanuel geben: Gott-mit-uns“ (Jes 7,14). Vor 2500 Jahren wurde dieses Bild vom Propheten in die Hand des Königs Ahas gelegt. Was er darauf sehen konnte, tröstete und ermutigte ihn in einer Situation schwerer militärischer Bedrängnis seines Landes. Das Bild enthielt für ihn die Botschaft: Du wirst einen Thronfolger bekommen, der dein Land aus der Bedrohung rettet. Dieses Kind bringt Zukunft für dein Geschlecht, für das Haus Davids. Das Bild ließ den König

Hoffnung schöpfen. Doch dessen tiefste Bedeutung, den wahren Sinn konnte er damals noch nicht erfassen. Wenn wir jedes Jahr im Advent die Vision des Jesaja in der Liturgie der Kirche vernehmen, sieht das anders aus. Die Kirche verbindet die Sehnsucht nach dem rettenden Kind mit all den anderen Bildern der Hoffnung, die uns bei den Propheten, allen voran Jesaja, begegnen. Sie sprechen von Frieden zwischen den Völkern, Gerechtigkeit unter den Menschen und Leben in Fülle für die Welt. All diese kleinen Puzzleteile werden vor unseren Augen aneinandergelegt, und jetzt erst wird ihr Zusammenhang offenbar. Sie alle gehören zum endzeitlichen Erlösungsplan Gottes für sein Volk. In diesem großen Kontext erhält auch das Bild der jungfräulichen Mutter mit ihrem Kind einen neuen, ungeahnten Sinn. Auf einmal sehen wir, daß dieses Puzzlestück im großen Heilsplan Gottes ganz in die Mitte gehört. Diese Mitte erschließt uns die Heilige Nacht, und sie enthüllt uns, was dem König Ahas noch verborgen war: Jesus Christus ist der wahre Immanuel, der Gott-mit-uns, von dem Jesaja spricht. Gott schenkt ihn uns als Kind der menschlichen Mutter Maria. Mit ihm setzt Gott den Mittelpunkt und Schlußstein im Werk seiner Verheißungen.

Aber paßt dieser Stein noch in die bunten Lebensbilder der Menschen unserer Zeit? Hat in einem Lebensentwurf des 21. Jahrhunderts die Sehnsucht nach dem rettenden Kind noch einen Platz – die Sehnsucht nach einem, der kommt, um die Nähe und Gemeinschaft Gottes zu bringen? Wenn wir auf die Realität der Weihnachtsfeierlichkeiten bei den meisten Menschen von heute schauen, werden wir schnell geneigt sein, solche Fragen zu verneinen. Aber wir dürfen bei aller Veräußerlichung nicht übersehen, daß noch immer kein anderes Fest so viele tiefe

Gefühle zu wecken vermag wie das Geburtsfest Christi. Hinter aller Sentimentalität und allem Kitsch meldet sich eine unzerstörbare weihnachtliche Sehnsucht selbst bei denen, die von der Botschaft des Evangeliums kaum mehr etwas wissen. Aus der Medizin kennen wir das Phänomen der Phantomschmerzen: Das Bein ist ab, aber die kalten Füße bleiben. Wir erleben, so hat der Theologe Eckhard Nordhofen geschrieben („Die Zeit" vom 22.12.2004), in unserer Gegenwart am Weihnachtsfest, daß es auch so etwas gibt wie ein Phantomglück. Das Glück, das im Weihnachtsgeheimnis liegt, macht sich auch dort noch bemerkbar, wo es eigentlich gar keinen Gegenstand mehr hat, weil längst die Krippenfiguren durch Weihnachtsmann und Rentier und das „O du fröhliche" durch „Jingle Bells" ersetzt wurden. Wie sehr man Weihnachten auch säkularisiert und entchristlicht – es bleibt sozusagen anonym ein Stück großer Sehnsucht und unerfüllter Träume.

Wo freilich diese Sehnsucht nicht mehr mit der echten Hoffnung verbunden ist, in der Begegnung mit Gott ihre Erfüllung finden zu können, trägt sie zugleich die Signatur der Ohnmacht und Tragik. Für den Wunschzettel, der tatsächlich an Weihnachten zu schreiben wäre, hat man keinen Adressaten mehr. Darum füllt man ihn mit allem möglichen Zeug, das es im Warenhaus um die Ecke zu kaufen gibt. Weil der Blick in die Zukunft für den nicht abzuschüttelnden Traum von Heimat und Geborgenheit keine reale Einlösung erkennen läßt, wird Weihnachten zum virtuellen Glücks-Spiel in der Gegenwart. Verklärte Erinnerungen einer verlorenen Kindheit mit zuverlässigen Schlüsselreizen kalendergenau abzurufen – das funktioniert im Zweifelsfall immer. Doch die Betroffenheit bei Tannenduft und Kerzenschimmer, hohle Feiertagsrhetorik und der schlichte Kommerzrummel erweisen sich als sehr kurzfristige Narkotika, die den chronischen Schmerz der Weihnachtswunde, die jedes Jahr von neuem aufbricht, unterdrücken, aber nicht heilen können. George Orwell hat, ganz ohne Bezug auf Weihnachten, eine ganz ähnliche Zeitdiagnose mit einem drastischen Bild aus seiner Kindheit illustriert. Als kleiner Junge, so erzählt er einmal, habe er mit einem schnellen Messerschnitt eine Wespe, die sich auf seinen Eßteller gesetzt hatte, in der Mitte durchgeschnitten. Das Insekt fraß gerade Marmelade von seinem Brot und hatte die Verstümmelung offenbar nicht sofort gespürt. Jedenfalls schlang die Wespe einfach weiter, während ein „spärlicher Strom Marmelade aus ihrer abgetrennten Speiseröhre rann". Erst als sie zu fliegen versuchte, bemerkte sie, daß ihr der Unterleib fehlte. Genauso, schreibt Orwell, ergeht es dem modernen Menschen: Etwas ist weggeschnitten – die Seele, der Glaube, die Beziehung zu Gott –, und der Mensch hat es nicht einmal bemerkt. Konsumieren kann er zwar noch, aber er wird nie wieder fliegen.

Was die christliche Weihnachtsfeier vom säkularisierten Weihnachten unterscheiden muß, ist die gläubige Gewißheit, daß die Begegnung mit der Jungfrau, die uns das Kind von Bethlehem entgegenhält, unser zerschnittenes Menschsein in Wirklichkeit wieder heil machen kann. Und wer heilt, hat recht – das gilt im Blick auf das leibliche Leben des Menschen, erst recht aber im Blick auf das seelische. Christliche Weihnachtsstimmung ist Sehnsucht, die in die Hoffnung münden darf, daß das Bild des Propheten Jesaja, so klein wie ein Puzzleteil, auch im Mosaik unseres Lebens jene leere Stelle ausfüllt, ohne die das große Ganze unvollständig und sinnlos bliebe.

Weihnachten – mehr als schöner Schein

In manchen Städten wie Nürnberg oder Rothenburg ob der Tauber, die das Image besonderer „Romantik“ pflegen, gibt es Läden, die das ganze Jahr lang Weihnachtsartikel verkaufen. Natürlich hat diese Geschäftsstrategie ihren Grund, und wo sie nicht zwölf Monate lang funktioniert, da doch zumindest saisonweise. Wenn man Menschen fragt, was sie mit „Weihnachten“ verbinden, wird man immer wieder ähnliche Stichworte zu hören bekommen: Romantik und Nostalgie, Geborgenheit und Freude der Kindheit, wohlige Düfte und behagliche Wärme – das alles gehört zur weihnachtlichen Gefühlswelt, wie sie jedes Jahr spätestens nach dem Ende der Herbstferien neu heraufbeschworen wird und wie sie nicht weniger plötzlich ihr Ende findet, wenn am Heiligen Abend die Ladentüren schließen. Weihnachten, wie es viele unserer Zeitgenossen feiern, ist ein Fest des schönen Scheins. Erwachsene träumen sich in eine Kindheit zurück, die für immer vergangen ist. Notorische Singles spielen für ein verlängertes Wochenende glückliche Familie. Menschen, die wissen, wie das Leben wirklich ist, erklären an einem festen Kalendertermin die unheile zur heilen Welt und wünschen sich eine Zeitungsausgabe nur mit positiven Schlagzeilen. Ein solches Weihnachten ist bestenfalls wie ein zauberhafter Kinofilm, bei dem man für einen Abend den Alltag vergißt – und sobald sich der Vorhang geschlossen hat, weiß man: In Wirklichkeit ist alles so geblieben, wie es immer war. Man mag es einem jeden von Herzen gönnen, wenn er Weihnachten so feiern möchte – als eine kleine, kollektive, terminsichere Flucht aus der Realität, als glitzernd-buntes Wintermärchen im Disneyland-Format, vielleicht sogar nur als selbstironische Show, in der uns weißer Kunstschnee, rotbenaste Rentiere, bimmelnde Glöckchen und dickbäuchige Weihnachtsmänner lustig mit vereinter Stimme zurufen: In Wirklichkeit stehen wir für gar nichts. Wir sind unterhaltsame Kulisse, und jeder weiß: Dahinter ist es leer.

Wem ein solches Fest ausreicht, der soll es feiern. Aber wäre es nicht ehrlicher zu sagen: Wenn das allein Weihnachten wäre, dann sollten wir lieber heute als morgen für immer darauf verzichten? Doch zum Glück gibt es noch ein anderes Weihnachten, das wahre Weihnachten. Es ist noch da, obwohl man immer weniger von ihm vernimmt in der sogenannten Weihnachtszeit. Es ist noch da in der Liturgie der Kirche und im Wort der Heiligen Schrift, in der Frohen Botschaft, die der Evangelist Lukas vor fast 2000 Jahren aufgezeichnet hat und die uns in jeder Heiligen Nacht aufs neue verkündet wird. So alt und vertraut die Worte für uns sein mögen – wenn wir sie mit all dem vergleichen, was uns ansonsten als „Weihnachten“ angepriesen wird, dann klingen sie auf einmal geradezu fremd und neu. Die Weihnachtsgeschichte der Bibel ist alles weniger als eine Flucht aus der Realität. Sie ist Wirklichkeit pur: zu wahr, um schön zu sein. Eine Familie ohne Obdach, eine Entbindung im Viehverschlag, ein bewindeltes Baby im Futtertrog. Diese urweihnachtlichen Kindheitserinnerungen des Jesuskindes selbst schmecken nach Erde und Stroh, nicht nach Zimt und Koriander. In der Luft liegt nicht der Duft von gebrannten Mandeln, sondern der Geruch einer Pechlaterne inmitten von Tiergestank. Im Weihnachtshaus von Bethlehem geht es nicht um Festschmuck und um das Basteln von Geschenken. Eher um das Überleben am nächsten Tag. In diese graue, grobe, geradezu peinlich unfeierliche Wirklichkeit hinein läßt der Evangelist den Engel Gottes vor den Hirten von Bethlehem die Botschaft verkünden: „Heute ist euch der Retter geboren; er ist der Messias, der Herr" (Lk 2,11). Und als einziges Zeichen, das den Hirten dieses Wunder aller Wunder erkennbar machen soll, nennt der Engel ihnen das in Windeln gewickelte Kind in der Krippe. Das Wichtigste der Menschheitsgeschichte erscheint im Unscheinbarsten, das Größte im Niedrigsten. Der Rettende kommt als Hilfloser, der Gottessohn als Menschenkind. Wenn es irgendeinen Glaubwürdigkeitsgrund für solch paradoxe Logik gibt, dann den, daß sie jede menschliche Erwartung und Denkmöglichkeit sprengt. Der hl. Bernhard von Clairvaux bemerkt im Hinblick auf das Ereignis der Menschwerdung Gottes: „Was nämlich hätte der Mensch zuvor über Gott gedacht? Bestenfalls hätte er sich in seinem Herzen ein Idol zusammengezimmert. Unbegreiflich war Gott und unzugänglich, unsichtbar und gänzlich unausdenkbar. Jetzt aber wollte er begriffen werden, wollte er gesehen werden, wollte er gedacht werden" (Sermo In Nativitate B. M. V.: Opera omnia, tom. 5, Rom 1968, S. 282). Wenn Menschen je auf die Idee einer Menschwerdung Gottes gekommen wären, dann hätten sie sie anders inszeniert. Gott aber hat es auf seine Weise getan. Er kommt zu Weihnachten als Mensch in die Welt, wie er sie am Karfreitag wieder verlassen wird: nackt und arm, außerhalb der bergenden Häuser und Mauern, auf hartes Holz gelegt. Seine Wahrheit durchkreuzt die Vorstellungen des menschlichen Verstandes.

Die uns so paradox erscheinende göttliche Weihnachtsinszenierung verfolgt ein einziges Ziel: „Für uns Menschen und um unseres Heiles willen ist er vom Himmel herabgestiegen, und er ist Mensch geworden“ – so bekennen wir es im Credo der Kirche. Krippe und Kreuz sind diejenigen Punkte im Leben Jesu, an denen das „für uns“ am realsten wird. Nirgends ist Gott uns näher als hier, in den Tiefen menschlicher Ohnmacht und menschlichen Todesleids. Das ist die einzig wahre Weihnacht: die unbegreifliche Tat Gottes, der die härtesten Wirklichkeiten des Lebens mit uns teilt, um ganz und gar bei uns zu sein. Wenn wir den Heiligen Abend wirklich so begehen wollen, wie Gott ihn erfunden hat, dann dürfen wir ihn nicht feiern als Tag der stilvollen Realitätsverdrängung und der hübsch verpackten Weltflucht. Wenn das Kind von Bethlehem auch unser Erlöser und Heiland werden soll, dann müssen wir zu ihm kommen mit unserer ganzen, nackten Realität. Wo uns das Holz unseres Lebens am meisten bedrückt, da will der Gottessohn in der Krippe uns zur Seite stehen. Wo wir Angst haben, ins Nichts zu fallen, da draußen wartet er auf uns. An den Stellen unseres Lebens, wo wir den Eindruck gewinnen, Gott habe uns verlassen, ist er am sichersten da. Wenn Gott in einer Krippe gelegen und an einem Kreuz gehangen hat, gibt es keine Orte der Gottverlassenheit mehr. Auch nicht in unserem Leben.

Mensch geworden um unseres Heiles willen

Lassen Sie mich eine kleine Geschichte erzählen. Ich habe sie selbst vor vielen Jahren zum ersten Mal gehört, und sie kommt mir immer wieder in Erinnerung, wenn ich über die Botschaft des Weihnachtsfestes nachdenke. Ein Vater hatte die Gewohnheit, aus Zeitschriften für seinen kleinen Sohn Bilder auszusuchen, um sie dann durch vielfältiges Kleinschneiden in ein Legespiel zu verwandeln. Der Junge hatte Freude daran, diese Teile mit viel Geschick und Übung aufs neue zusammenzusetzen. Eines Tages ließ der Kleine seinem Vater wieder einmal keine Ruhe und bettelte um ein neues Puzzle. Der Vater dachte: Dieses Mal mache ich ihm eine Sache, mit der er richtig lange beschäftigt ist. Aus einer großen, bunten Zeitschrift suchte er sich eine Weltkarte aus, schnibbelte sie auseinander und gab seinem Sohn die Teile. Wie groß war die Überraschung des Vaters, als ihn der Kleine schon nach kurzer Zeit herbeirief und stolz die zusammengesetzte Weltkarte präsentierte. Auf die Frage, wie er die schwierige Aufgabe nur in solch kurzer Zeit bewältigt habe, antwortete der Junge verschmitzt: „Auf der Rückseite der Karte war das Gesicht eines Menschen. Schau her, wenn das Gesicht richtig ist, dann ist auch die Welt richtig!“

Diese Erzählung ist ein großartiges Gleichnis für die Botschaft, um die es in der Heiligen Nacht, um die es am Weihnachtfest geht. Wenn wir Menschen von heute auf unsere Welt schauen, dann haben wir nicht selten den Eindruck, daß wir vor den Teilen eines reichlich durcheinandergeratenen Puzzles stehen. Vieles scheint nicht an dem Platz zu sein, an den es eigentlich gehört. Angesichts von Terror und Krieg, Ausbeutung des Menschen und Zerstörung der Natur, angesichts von so viel Krisenstimmung, Resignation und Zukunftsangst haben es nicht wenige unserer Zeitgenossen aufgegeben, an einen Sinn jenes Ganzen zu glauben, das man Welt und Leben nennt. Sie sitzen ratlos vor dem großen Puzzle der Weltkarte, dessen Teile nicht mehr zusammenpassen wollen.

Für Menschen, denen es so geht – wenn wir ehrlich sind, gehören auch wir oft zu ihnen –, für solche Menschen hat Gott Weihnachten erfunden. Am Weihnachtsfest will Gott uns einen Weg zeigen, wie wir an den Problemen unserer Welt und am Sinn unseres Lebens nicht verzweifeln müssen. Die Lösung, die er uns anbietet, sieht so aus wie in der Geschichte, die ich zu Anfang erzählt habe. An Weihnachten sagt uns Gott: Die Welt wird nur richtig, wenn der Mensch richtig wird. Das Puzzle der Welt werden wir erst dann zu einem sinnvollen Ganzen zusammensetzen können, wenn wir zuerst das Bild des Menschen so vor uns haben, wie es sein soll. Das aber ist Gottes weihnachtliches Geschenk: die Erneuerung des Menschen. Und wie macht er das? Indem er selbst Mensch wird. Indem der ewige Sohn des himmlischen Vaters menschliches Fleisch annimmt aus Maria, der Jungfrau. Jesus Christus, das Kind in der Krippe von Bethlehem, ist der neue Mensch, der neue Adam. In ihm ist das Bild des Menschen, das durch die Sünde zerstört war, wiederhergestellt: Er ist, wie der Hebräerbrief sagt,

„in allem uns gleich außer der Sünde" (vgl. Hebr 4,15), vom ersten Tag seines Lebens an bis zum letzten. Damit ist er wie wir – und doch ganz anders. Das menschliche Antlitz Christi ist von der Krippe bis zum Kreuz frei von der Entstellung durch Lüge, Selbstsucht und Haß. Er gibt allen Kindern Adams die Chance, anders zu werden, ein Teil der neuen Schöpfung zu werden, die an Weihnachten beginnt. Denn wer dem Christuskind nahekommt, der wird verändert und verwandelt.

Das erkennen wir am besten an denjenigen beiden Menschen, die als erste von allen mit Jesus zusammen sein durften: Maria und Joseph. Damit Maria den Erlöser zur Welt bringen konnte, wurde sie von Gott in einzigartiger Weise geheiligt und vor aller Sünde bewahrt. Und damit Joseph als Pflegevater für den Gottessohn sorgen konnte, hat Gott ihm eine ganz besondere Berufung geschenkt. Wenn wir in den weihnachtlichen Tagen so gerne zur Krippe gehen, wenn wir dort niederknien und mit Freude auf die Heilige Familie blicken, auf Maria, Joseph und das Jesuskind, dann spüren wir: Hier sind die Menschen so, wie sie eigentlich sein sollen. Sie sind in Liebe verbunden mit Gott und miteinander. Hier zeigt sich uns das wahre Bild des Menschen – hier, und nicht auf den Titelseiten, den Starpostern und den Werbeplakaten. Wenn wir auf die Krippe schauen, dann sehen wir den Anfang der neuen Menschheit. Und jeder einzelne von uns sieht sich selbst, wie er nach dem tiefsten Wunsch seines Herzens auch sein möchte – und wie er sein kann, wenn er sich öffnet für das weihnachtliche Angebot Gottes.

Sobald wir zu diesem Angebot Ja sagen, begreifen wir aufs neue, wie auch das Puzzle der Weltkarte wieder zusammenfinden kann. Wenn Gott den Anfang einer neuen

Welt setzt, dann wird er dieses Werk zum Ende führen. Dann wird einmal die ganze erlöste Menschheit so gesund und heil werden wie die Heilige Familie von Bethlehem. Noch ist dieses Werk der Neuschöpfung nicht am Ziel. Noch hat Weihnachten nicht gesiegt über das Chaos und die Verwirrung in der Welt. Gott hat das letzte Kapitel im Buch der Weltgeschichte noch nicht aufgeschlagen. Aber weil wir den Namen Jesu Christi tragen, sollen wir schon jetzt wenigstens etwas von der neuen Schöpfung Gottes sichtbar machen – überall dort, wo wir als Christen miteinander leben. Vor allem in unseren Familien! Darum ruft uns jedes Weihnachtsfest auf, mit unserer Familie zur Krippe zu gehen, uns neue Kraft geben zu lassen von dem, was wir dort sehen. Wenn du Mutter bist, mach es wie Maria, und schenk deinem Kind die ganze Liebe deines Herzens, auch wenn es dir manchmal Sorgen bereitet und du seine Wege nicht verstehst. Wenn du Vater bist, mach es wie der hl. Joseph, beschütze deine Familie vor allem, was sie bedroht, und sei deiner Frau immer treu, auch wenn es schwerfällt und Opfer kostet. Und wenn du Kind bist, nimm dir ein Beispiel an Jesus, der sich als Gottes Sohn nicht zu schade war, sich einzuordnen in eine menschliche Familie und Maria und Joseph gehorsam zu sein.

Das ist die erlösende Botschaft von Weihnachten: Wir alle dürfen durch Jesus Christus neue Menschen werden. Neue Menschen als Vorboten einer neuen Schöpfung. Denn wo der Mensch richtig ist, da stimmt auch die Welt.

GELITTEN UNTER PONTIUS PILATUS

Das „Programm“ der österlichen Tage

Viele unter den großen Meisterwerken der klassischen Musik folgen in ihrem Aufbau einem festen Entwicklungsschema, der sogenannten Sonatenhauptsatzform. Am Anfang steht die Vorstellung des Themas in der Haupttonart – es folgt eine kunstvolle Durchführung des thematischen Materials – und am Ende kehrt das ursprüngliche Thema in verwandelter Gestalt wieder. Man kann an diesen Dreischritt denken, wenn man die drei österlichen Tage verstehen will, die nicht weniger eng zusammengehören als die Glieder eines musikalischen Satzes.

Zu Beginn, am Gründonnerstag, wird uns in aller Klarheit das *Thema* vor Augen gestellt, um das es in den nachfolgenden Tagen geht. Wir lernen sozusagen die Haupttonart kennen, die Gottes Tun für uns Menschen durchwirkt: „Da Jesus die Seinen liebte, die in der Welt waren, liebte er sie bis zur Vollendung“ (Joh 13,1), sagt uns das Evangelium des Gründonnerstags. Dieses Thema, um das sich alles dreht, stellt der Herr seinen Jüngern in aller Konkretheit vor Augen, indem er ihnen die Füße wäscht.

Seht her, sagt er ihnen und uns, das ist das Wesen echter Liebe: sich niederbeugen – für die, die man liebt, zum Diener werden –, sich nicht zu schade sein, Knechtsarbeit zu leisten und sich die Finger schmutzig zu machen für andere. An der Stelle, an der uns Johannes die Fußwaschung überliefert, berichten die übrigen drei Evangelisten von der Einsetzung der Eucharistie. Das ist keineswegs ein Gegensatz, nicht ein anderes Thema, sondern exakt das gleiche. Wenn Christus spricht: „Das ist mein Leib für euch, mein Blut, das für euch vergossen wird", wenn er sich selber an seine Jünger verschenkt unter den Gestalten von Brot und Wein, dann tut er nichts anderes als das, was er bei Johannes tut, wenn er seinen Jüngern die Füße wäscht. Eucharistie und Fußwaschung sind gleichermaßen Ausdruck der niedersteigenden, sich klein machenden Liebe Gottes, die in Christus jeden Menschen berühren und ergreifen möchte.

Wir müssen uns dieses Thema, diese Urmelodie der göttlichen Erlösung tief einprägen lassen, damit wir verstehen, wie es am Karfreitag weitergeht. Denn dann wird Christus mit seinem eigenen Leben, ja mit seinem eigenen Leib das Thema des Gründonnerstags bis in seine letztmögliche *Durchführung* und Realisierung führen. Wenn wir auf das Kreuz schauen, wenn in schriller Atonalität der Schrei des Leidens an unser Ohr dringt, dann müssen wir darin die Melodie des Gründonnerstags wiedererkennen: „Da er die Seinen liebte, die in der Welt waren, liebte er sie bis zur Vollendung". Das griechische Wort für „Ziel" und „Vollendung", das in diesem Schriftvers steht, kehrt im Johannesevangelium wieder, wenn der Herr am Kreuz spricht: „Es ist vollendet, es ist vollbracht" (Joh 19,30). Das Kreuz des Karfreitags ist die

Verwirklichung der Fußwaschung und der innerste Gehalt des eucharistischen Sakraments. Es ist die radikale Durchführung des Erlösungsthemas Christi, der sich bis ins letzte verschenkenden Liebe. Der berühmte Bildhauer Veit Stoß hat die theologische Botschaft der Passion in genialer Weise ins Bild gebracht, als er auf einem Epitaph der Nürnberger St. Sebaldus-Kirche, das die Gefangennahme Jesu zeigt, den Strick, den die Häscher um den Kopf des Herrn legen, aussehen läßt wie einen Heiligenschein. Im Leiden des Herrn offenbart sich in der Gestalt tiefster Ohnmacht und Erniedrigung die Heiligkeit der Liebe Gottes zur Welt.

Das verbindende Thema, das Grundmotiv der göttlichen Heilssymphonie, dürfen wir schließlich noch einmal hören: in der *Reprise* des Ostermorgens. Was Jesus uns am Gründonnerstag ankündigt und was er am Karfreitag bedingungslos Wirklichkeit werden läßt, das begegnet uns zu Ostern in wunderbar verwandelter Gestalt. Die Liebe, die für uns bis ans Kreuz gegangen ist, tritt als verklärte, verherrlichte, auferstandene Liebe vor uns hin und lädt uns ein, für immer teilzunehmen an ihrer Gemeinschaft göttlichen Lebens. Sie ist siegreich geblieben über die Mächte des Todes. Noch im Mittelalter, etwa in den berühmten Kodexillustrationen der Herrad von Landsberg, begegnen wir dem schon in der Väterzeit bekannten merkwürdigen Bild vom Menschen Jesus am Kreuz, der wie ein Köder an der Angel in der Hand des göttlichen Sohnes gehalten wird. Indem der in der Gestalt des Meeresungeheuers Leviathan dargestellte Satan den ohnmächtigen Menschen Jesus zu verschlingen sucht, „verschluckt" er sich an der göttlichen Wesenheit, die dem Menschsein in Wahrheit verbunden ist. Der Tod selbst ist gestorben, als er den Urheber des Lebens zu vernichten suchte.

Genauso wie es sinnlos wäre, in einem Musikstück vom Eröffnungstakt zum Schlußakkord springen zu wollen, ohne den Weg hörend und erlebend mitzugehen, den das Thema des Anfangs durchschreiten muß, bis es seine Vollendung und Verwandlung erfährt, können wir auch nicht vom Gründonnerstag zum Ostermorgen gelangen, ohne den Weg durch die Passion mitzugehen, den Christus vorangegangen ist. Die eucharistische Liebe im Abendmahlssaal und die österliche Liebe, die von Grab und Stein nicht mehr aufzuhalten ist, werden verbunden und in eine unlösbare Einheit gefügt durch die blutende Liebe des Karfreitags. Die Symphonie der göttlichen Erlösungsliebe mit ihrem dreifach wiederkehrenden Thema ist darum keine seichte Unterhaltungsmusik, nichts zum gefälligen Zuhören. Sie sucht Menschen, die sich ergreifen und verwandeln lassen auf dem Weg der Hingabe, der durch das Kreuz ins Leben führt.

Eucharistie – Sakrament der Lebenshingabe Jesu Christi

Zu den schönsten Texten, die uns der verstorbene Papst Johannes Paul II. hinterlassen hat, gehört ein Brief an die Priester zum Gründonnerstag des Jahres 2000. Dieser Brief ist verfaßt als Schreiben aus dem Abendmahlssaal in Jerusalem, den der Papst wenige Wochen vor Ostern während seiner historischen Israelreise im Heiligen Jahr besucht hatte. Wer die Worte des Papstes liest, nimmt wahr, wie sehr ihn dieser Ort in Verbindung brachte mit dem, was dort vor fast 2000 Jahren geschehen war. Ganz an den Anfang seines Briefes hat der Papst die Worte vom Beginn der Passionsgeschichte nach Johannes gestellt: „Weil Jesus die Seinen liebte, die in der Welt waren, liebte er sie bis zur Vollendung“ (Joh 13,1).

Dieser Satz gilt selbstverständlich nicht nur den Priestern, sondern allen Christen. Alle Menschen, die durch Christus in die Gotteskindschaft gerufen wurden, nennt der Herr „die Seinen“. Sie sind die von Gott Auserwählten und Geliebten, während „die Welt“ im Vokabular des Johannesevangeliums immer die gottfeindlichen Mächte und Kräfte bezeichnet. Das ganze irdische Leben Jesu war ein Leben der Liebe für „seine“ Menschen. Er hat sie persönlich berufen ihm nachzufolgen, er hat ihnen die Geheimnisse Gottes offenbart, er hat sie beten gelehrt. Das alles sind Zeichen seiner Liebe. Von dieser Liebe kann der Evangelist sagen, daß sie Jesus den Seinen an Ostern bis zum Ende, bis zur Vollendung erwiesen hat. Noch einmal dürfen wir an die doppelte Bedeutung des griechischen Wortes *télos* denken, das hier im Urtext steht – Ende und Vollendung. Beide Übersetzungsvarianten ergeben einen Sinn: Jesus liebt die Seinen bis zum zeitlichen Ende seines irdischen Lebens. Er bleibt ihnen treu buchstäblich bis zum letzten Atemzug, selbst in dem Augenblick, wo er für seine Liebe mit dem Tod bezahlen muß. Damit aber ist seine Liebe auch eine solche, die jedes Maß erfüllt und übersteigt: Liebe bis zur Vollendung. „Eine größere Liebe gibt es nicht, als wenn einer sein Leben hingibt für seine Freunde" (Joh 15,13) – das hat Jesus gelehrt, und das erfüllt er in seinem Sterben. Darum wird der Herr am Kreuz sprechen können: „Es ist vollbracht" (Joh 19,30). Sein menschliches Leben ist beendet und es ist vollendet in der liebenden Hingabe, die alle Sünde der Welt besiegt.

Damit die Liebe Jesu für die Seinen Lebensquell und Nahrung, lebendige Gegenwart in ihrer Mitte bleiben kann, hat der Herr am Abend vor seinem Leiden das Sakrament der Eucharistie eingesetzt. Die Eucharistie ist die ganze Liebe Jesu unter der Gestalt eines kleinen Stückchens Brot. Sie ist der Herr selbst, der sich zerbrechen läßt, der sich weggibt und verschenkt, um uns leben zu lassen. Alles, was Christus für uns sein wollte, hat er uns in diesem Sakrament übergeben. So läßt er uns „nicht als Waisen zurück" (vgl. Joh 14,18), sondern ist bei uns „alle Tage bis zum Ende der Welt" (vgl. Mt 28,20).

Eine der beeindruckendsten Abendmahlsdarstellungen der Moderne wurde zu Beginn des 20. Jahrhunderts vom schlesischen Expressionisten Emil Nolde geschaffen. Im Zentrum des Gemäldes steht Christus, der mit beiden Händen in inniger Geste den Kelch umfaßt. Seine Augen sind geschlossen und ein wenig zum Himmel gewendet, versunken im Gebet. Christus trägt ein grell rotes, offenes Gewand. Eng um den Herrn herum scharen sich die Apostel. Es sind Männer mit Gesichtern aus dem Leben, derb und sorgenvoll. Die einzige Hoffnung, die sie haben, kommt ihnen von Christus zu. Sie drängen sich um ihn, suchen geradezu seine körperliche Nähe und Berührung. Von Christus her umklammern sie sich gegenseitig mit ihren Armen und bilden so einen geschlossenen Kreis um ihn. Das Rot seines Gewandes scheint überzugehen auf ihre Kleider, Haare und Gesichter. Sein Zentrum findet der Kreis der Jünger im Kelch, den Jesus in Händen hält. Sein hellblauer Schimmer hebt sich ab von den bedrohlich glühenden Farben, die den Rest des Bildes bestimmen. Im Angesicht des Todes leuchtet die Verheißung von Himmel, Erlösung und Ewigkeit auf. Während alle Gesichter von dieser Mitte gehalten werden, wendet sich eines ab. Ein Jünger, nur noch ganz am Rande sichtbar, verläßt den Kreis. Es ist Judas, der Verräter, der hinausgeht in die kalte Nacht.

Das Bild von Emil Nolde lehrt uns begreifen, was die Eucharistie ist. Sie ist Versammlung um den Herrn im Schatten des Kreuzes, Unterpfand der Ewigkeit in der Erfahrung kommender Todesnot, Eintauchen mit der eigenen Lebensangst in das blutrote Meer der Liebe Christi, die bis zum Äußersten geht. Sie ist Hineingezogenwerden in seine rettende Lebensgemeinschaft, die wir Kirche nennen, Gehaltenwerden durch die Kraft des Herrn, damit wir selbst andere halten können, die wie wir zu fallen drohen. Kirche und Eucharistie gehören darum aufs engste zusammen. Beide sind aus dem Opfer Christi geboren, sind wirkmächtige Zeichen seiner Liebe. Zur lebendigen

Kirche kann nur gehören, wer aus der Kommunion lebt, aus der Liebesgemeinschaft mit dem Herrn. Wer den Ring der Liebe verläßt, der uns um seinen Opferaltar zusammenschließt, zählt höchstens noch dem Namen nach zur Kirche. In Wirklichkeit geht er seinen eigenen Weg, der im schlimmsten Fall dem Weg des Judas gleicht und ins Dunkel der Gottesferne führt. Darum ist die Liebe Jesu mit ihrer sakramentalen Verleiblichung in der Eucharistie immer auch ein Ruf, der uns zur Entscheidung drängt. Wo die reine Liebe erscheint, da wird Gericht gehalten. Man muß Ja sagen oder Nein. So ist es nicht überraschend, daß sich im Abendmahlssaal, im Augenblick der höchsten Hingabe des Herrn, im Handeln des Judas auch die Sünde in ihrer reinsten Gestalt zeigt. Die vollendete Liebe, die bereit ist, für die Sünder in den Tod zu gehen, trifft auf den vollendeten Verrat, der bereit ist, den einzigen Sündenlosen in den Tod zu schicken. Am Ernst dieser Alternative kann sich niemand vorbeimogeln, der wirklich begriffen hat, worum es in der eucharistischen Einladung Jesu geht. Wenn die Kirche uns zum Besuch der Sonntagsmesse ermahnt, dann will sie uns damit nicht gängeln oder schikanieren. Sie erinnert uns eigentlich nur an eine Selbstverständlichkeit: daß Leben aus der Eucharistie, Leben in der Kirche und Leben mit Christus untrennbar eins sind.

GEKREUZIGT, GESTORBEN UND BEGRABEN, HINABGESTIEGEN IN DAS REICH DES TODES

Das ungeschminkte Leiden

Die römische Dominikanerkirche S. Maria sopra Minerva, nicht weit entfernt vom Pantheon, birgt ein vielbewundertes Werk des großen Renaissancekünstlers Michelangelo. Es ist eine um 1520 geschaffene Statue, die Christus zeigt, wie er das Kreuz trägt. So sehr dieses Jugendwerk des genialen Bildhauers von den Kunstgeschichtlern gepriesen wird wegen des perfekt gestalteten Leibes und der feinen Zartheit der Bewegung, die sich darin ausdrückt – in religiöser Hinsicht läßt die Statue den Betrachter eher kalt. Ein Christus mit dem Kreuz, der aussieht wie ein antiker Held oder ein jugendlicher Gott, hat mit dem gebeugten Mann, dem wir am Karfreitag auf seinem Kreuzweg begegnen, nur wenig zu tun. Der Schmerzensmann des Evangeliums entspricht nicht dem Ideal romantischer Kunst-Religion, wonach Wahrheit Schönheit ist und sonst nichts. Der wirkliche Christus der Passion hat den Freunden der leiblichen Anmut und der perfekten Ästhetik wenig zu bieten. Die Prophetie vom leidenden Gottesknecht aus dem Buch Jesaja, die seit frühester Zeit von den Christen auf ihren Herrn gedeutet wurde, benennt es in aller Deutlichkeit: „Viele haben sich über ihn entsetzt, so entstellt sah er aus, nicht mehr wie ein Mensch (...) Er hatte keine schöne und edle Gestalt, so daß wir ihn anschauen mochten. Er sah nicht so aus, daß wir Gefallen fanden an ihm“ (Jes 52,14; 53,2).

Die Passionsgeschichten der Evangelien schildern uns, wie Gewalt und Schmerz, die den Gottesknecht treffen, unmittelbare Wirklichkeit werden am Leib Jesu: wenn der Scherge des Hohenpriesters und später die römischen Soldaten ihn ins Gesicht schlagen, wenn Jesus die Geißelung erleidet und ihm eine Krone aus Dornen auf den Kopf gesetzt wird, wenn er schließlich das zentnerschwere Kreuz auf die Schultern geladen bekommt und ihm kurz darauf eiserne Nägel durch Hände und Füße getrieben werden.

Man braucht sich diese Szenen nicht jedesmal, da man sie hört, in ihrer grausamen Wirklichkeit plastisch auszumalen. Das körperliche Leiden Jesu ist nicht das einzige Thema der Passionsgeschichte. Aber hin und wieder sollten wir uns durchaus von der liturgischen Stilisierung des Passionsvortrags und den bereits von österlichem Goldglanz durchdrungenen Bildern vieler Kreuzwegdarstellungen lösen und uns an die Realität erinnern. Schläge, Geißelung, Kreuzigung – sie gehören zur physischen Vernichtung eines Menschen in ihrer brutalsten Form. Sie stehen für pures Grauen und nackte Gewalt, der gegenüber man instinktiv das tun möchte, was auch die Jünger Jesu angesichts des Kreuzes getan haben: wegsehen und weglaufen. Wenn wir alljährlich die Karfreitagsliturgie begehen, mutet uns die Kirche zu, daß wir uns dem Realismus des Leidens stellen. Nicht so visuell unmittelbar, wie es ein Passionsfilm à la Mel Gibson versucht, aber immerhin doch, indem sie uns einlädt, ganz allein vor das entblößte Kreuz zu treten und wenigstens einen Augenblick lang hinzusehen: *Ecce lignum crucis*, schau her, das Holz des Kreuzes – echtes hartes Holz, an dem der gemarterte, blutende Christus hängt.

Warum mutet die Kirche uns diesen Anblick zu? Warum verzichtet sie nicht auf das realistische Passionskreuz zugunsten eines viel unanstößigeren Symbols – ohne Leid, ohne Blut? Man kann auf diese Frage viele gute und intelligente theologische Antworten formulieren. Ich möchte statt dessen einen kurzen Text zu Wort kommen lassen. Er stammt aus dem Brief eines Soldaten, dessen Namen wir nicht kennen, verfaßt im Januar 1943 im Kessel von Stalingrad an den Vater, der offenbar evangelischer Pfarrer war. Der junge Mann schreibt darin:

„In Stalingrad die Frage nach Gott stellen, heißt sie verneinen. Ich muß Dir das sagen, lieber Vater, und es ist mir doppelt leid darum. Du hast mich erzogen, weil mir die Mutter fehlte, und mir Gott immer vor die Augen und die Seele gestellt. Und doppelt bedaure ich meine Worte, weil es meine letzten sein werden, und ich hiernach keine Worte mehr sprechen kann, die ausgleichen könnten und versöhnen. Du bist Seelsorger, Vater, und man sagt in seinem letzten Brief nur das, was wahr ist oder von dem man glaubt, daß es wahr sein könnte. Ich habe Gott gesucht in jedem Trichter, in jedem zerstörten Haus, an jeder Ecke, bei jedem Kameraden, wenn ich in meinem Loch lag, und am Himmel. Gott zeigte sich nicht, wenn mein Herz nach ihm schrie. Die Häuser waren zerstört, die Kameraden so tapfer oder so feige wie ich, auf der Erde war Hunger und Mord, vom Himmel kamen Bomben und Feuer, nur Gott war nicht da. Nein, Vater, es gibt keinen Gott. Wieder schreibe ich es und weiß, daß es entsetzlich ist und von mir nicht wiedergutzumachen. Und wenn es doch einen Gott geben sollte, dann gibt es ihn nur bei Euch, in den Gesangbüchern und Gebeten, den frommen Sprüchen der Priester und Pastöre, dem Läuten der Glocken und dem Duft des Weihrauches, aber in Stalingrad nicht" (Letzte Briefe aus Stalingrad, 1954, S. 31 f.).

Stalingrad liegt über 60 Jahre zurück. Aber vermutlich könnte ein solcher Brief auch heute noch geschrieben werden. Von einem Soldaten irgendwo in den vielen Kriegshöllen unserer Gegenwart. Von einem gequälten Opfer in den Folterkellern grausamer Diktatoren. Von einer irakischen Mutter, deren Kind von der Bombe eines fanatischen Selbstmordattentäters zerfetzt wurde. Und vielleicht auch von irgendeinem unter uns, der merkt, wie eine unbarmherzige Krankheit seinen Leib zerstört, und der keine Kraft mehr hat für den nächsten Krankenhausaufenthalt oder eine weitere Therapie.

Gab es Gott in Stalingrad? Gibt es ihn in den Kriegshöllen, Folterkellern, Sterbezimmern unserer Tage? Wenn es ihn gibt trotz allem, was Menschen an ihm verzweifeln läßt, dann als den blutigen Christus am Kreuz. Als den Gott, der selbst in die tiefste Tiefe des menschlichen Leids, der Sünde, des Todes hinabgestiegen ist. Als den, der auf unbegreifliche Weise noch das äußerste Dunkel mit seiner Gegenwart erfüllt.

Das Kreuz ist Hoffnung auf Gott, auch dort, wo es eigentlich keine Hoffnung mehr gibt. Darum dürfen wir Christen die Passion Jesu, das Kreuz in seiner brutalen Realität nicht verstecken. Darum dürfen wir es uns nicht wegnehmen lassen im Namen eines weichgespülten, angepaßten Christentums oder eines angeblich toleranten Säkularismus. Darum müssen wir hinschauen auf den Herrn und seinen geschundenen Leib. Vielleicht ist es dieses Bild, das uns irgendwann in unserem Leben einmal letzter Halt sein wird. Der letzte Anker, der uns davor bewahrt, in der reißenden Flut der Anfechtung und des Zweifels fortgerissen zu werden. Das letzte Argument für unseren Glauben. Das Kreuz kann man nicht begreifen, aber man kann es ergreifen und sich daran festhalten, wenn alles andere wegzugleiten droht. „Seht das Holz des Kreuzes, an dem das Heil der Welt gehangen" – da ist unser Gott: Kommt, wir beten ihn an.

Wenn Bilder zerbrechen

In der Mitte der Liturgie des Karfreitags steht der Ritus der Kreuzverehrung. Wenn wir über diesen Ritus nachdenken, muß er auf uns zutiefst paradox wirken. Denn was geschieht dabei? Das von einem Tuch verdeckte Kreuz wird in unser Blickfeld gerückt und schrittweise enthüllt. Wir sollen etwas sehen, was zuvor unseren Augen entzogen war. Aber was ist es, das wir dort zu sehen bekommen? Es ist der Herr im Augenblick seines Sterbens. Es ist die physische Vernichtung der menschlichen Gestalt Jesu. Sein leiblicher Tod. Aber was soll dieser Tod uns zeigen? Ist der Tod nicht gerade das Gegenteil von Enthüllung – nämlich das radikale Sich-Entziehen eines Menschen, sein Weggerissenwerden vor unseren Augen, aus unserer Gegenwart? Wer schon einmal einen lieben Menschen durch den Tod verloren hat, wird vermutlich genau dieses Gefühl in sich bemerkt haben: Mir wird etwas weggenommen, entzogen, geraubt. Augen, die mich angeblickt haben, schließen sich, ein Gesicht, das mir offenstand, wird zugedeckt. Das soll Enthüllung sein?

Vielleicht kennen Sie den englischen Schriftsteller C. S. Lewis. Obwohl er mittlerweile schon über 40 Jahre tot ist, taucht sein Name in letzter Zeit wieder häufiger in den Medien auf, denn die Verfilmungen seiner berühmten Narnia-Kinderbücher gehören zu den großen Kinoerfolgen der vergangenen Jahre. Genauso außergewöhnlich und bewegend wie viele seiner Bücher ist auch seine

Lebensgeschichte, vor allem gegen Ende hin. Die meiste Zeit seines Lebens hatte C.S. Lewis, der ein bedeutender Professor für Literaturwissenschaft in Oxford war, als eingefleischter Junggeselle verbracht. Er war schon über 50 Jahre alt, als er in Briefkontakt mit der amerikanischen Schriftstellerin Joy Davidman kam, die nicht zuletzt seiner Schriften wegen vom Judentum zum Christentum konvertiert war. Als Joy Davidman 1956 die Ausweisung aus England drohte, bat sie ihren prominenten Bekannten um einen außergewöhnlichen Gefallen: nämlich daß er sie heirate, damit sie im Land bleiben dürfe. C.S. Lewis willigte ein. Dann geschah das völlig Unerwartete. Aus der als Scheinehe gedachten Verbindung zwischen den beiden wurde eine echte, große Liebe. Doch das Glück war nicht von langer Dauer. Ein halbes Jahr nach der standesamtlichen Hochzeit 1956 erkrankte Joy an Knochenkrebs. Noch im Krankenhaus ließ sich das Paar auch kirchlich trauen. Hoffen und Bangen wechselten sich ab. Bald aber war klar, daß es keine Rettung gab. Nach schwerem Leiden, von ihrem Mann aufopferungsvoll gepflegt, starb Joy im Juli 1960 im Alter von 45 Jahren.

Für C.S. Lewis brach eine Welt zusammen. Er, schon zu Lebzeiten einer der bekanntesten christlichen Schriftsteller der Welt, begann, an Gottes Güte zu zweifeln. Seine Aufzeichnungen aus den Monaten nach Joys Sterben, die erst nach seinem eigenen Tod veröffentlicht wurden, dokumentieren ein qualvolles Ringen um den Glauben. Unter dem Titel „Über die menschliche Trauer" ist dieses kostbare Büchlein auch auf deutsch erschienen (1967). Zuerst kreisen C.S. Lewis' Gedanken immer wieder um die eine Frage: Was ist das für ein Gott, der einen Menschen so leiden läßt, der eine vollkommene Liebe so brutal zerstört, ja der dem zurückbleibenden Mann zumutet, daß ihm sogar die Erinnerung an die geliebte Frau langsam weggenommen wird und er unter ihrer zunehmenden Abwesenheit schmerzhafter leiden muß als unter dem Verlust eines eigenen Körperteils? Hat so etwas einen Sinn, kann ein guter Gott das wollen? Es ist zunächst dieser beißende Schmerz und diese bittere Klage, die C. S. Lewis' Notizen bestimmen. Doch langsam, nach einiger Zeit, gewinnt auch ein anderer Gedanke Raum. Ist es vielleicht, so fragt sich der Schriftsteller, am Ende notwendig, daß ich das Bild aufgebe und loslasse, das *ich* mir von meiner geliebten Frau gemacht habe? Daß mein bisheriges Bild von ihr zerbrochen wird, damit ich sie bei mir haben kann, wie sie jetzt tatsächlich ist – nämlich in der neuen, unaussprechlichen Wirklichkeit, in der sie lebt bei Gott? An diesem Punkt wendet sich die Trauer in Hoffnung und gläubige Zuversicht. Denn hier, so geht es C. S. Lewis auf, ähnelt unsere Beziehung zu dem geliebten Menschen, den wir loslassen müssen, unserer Beziehung zu Gott selbst. Auch von ihm machen wir uns ständig Bilder, die keinen Bestand haben. Bilder, die zerbrechen müssen, weil sie Gottes Wirklichkeit nicht entsprechen. Unser Verhältnis zu einem geliebten Menschen, so erkennen wir im Tod, ist letztlich wie unser Verhältnis zu Gott – eine Geschichte von Vorstellungen, die wir aufgeben müssen, um zur Wahrheit zu gelangen. Die tiefste Begründung dafür, so schreibt C. S. Lewis, lautet: Gott selbst zertrümmert die Bilder, die sich die Menschen von ihm gemacht haben. Wo Menschen meinten, ihn begriffen zu haben, nimmt er ihnen das Begreifen weg. Und indem er auf die Menschwerdung Gottes in Jesus Christus blickt, fährt der Autor fort: „Er [Gott] ist der große Bilderstürmer. Ließe sich nicht beinahe sagen, dieses Zertrümmern sei ein Merkmal Seiner Gegenwart?" (Über die menschliche Trauer, S. 75).

Damit sind wir zum Karfreitag zurückgekehrt und zum Blick auf das Kreuz. Ist es nicht widersinnig, so hatten wir zu Anfang gefragt, an diesem Tag das Kreuz zu enthüllen? Den Blick auf den sterbenden Jesus zu richten? Zeigt es uns überhaupt etwas, dieses Bild des Verschwindens und des Sterbens? Wenn die Einsicht, die C.S. Lewis auf dem schmerzvollen Weg seiner Trauer gewonnen hat, wahr ist, dann hat die Enthüllung des Kreuzes ihren Sinn. Es stimmt: Mit dem Kreuz wird uns etwas weggenommen. Die irdische Gestalt Jesu vergeht. Gott selbst zerbricht das Bild, das er der Welt von sich gezeigt hat. Kein Maler hat uns das irdische Antlitz Jesu überliefert, keine Kamera hat es festgehalten. Es ist für immer verloren. Doch so paradox es klingt: Dieser Moment des Verlustes, der Augenblick des Weggangs Jesu ist zugleich der Augenblick seines neuen Kommens, seiner unerwarteten Gegenwart. Jetzt kommt er unter der verborgenen Gestalt des Sakraments, das er den Jüngern im Abendmahlssaal geschenkt hat. Er kommt in der Kraft seines Geistes, den er sterbend aushaucht und damit der Welt lebendig einhaucht am Kreuz. Er kommt in der Gestalt des hilfesuchenden Menschen, der an unsere Tür klopft. Das alte Bild ist zerbrochen, aber er ist da – da wie nie zuvor, in seiner neuen, österlichen Wirklichkeit.

Wenn uns am Karfreitag das Kreuz enthüllt wird, wenn wir auf den fortgehenden Christus schauen, dann beten wir keinen Leichnam an, keine tote Reliquie vergangenen Lebens. Wir beten vielmehr den Gott an, der größer ist als alle Bilder, die Menschen sich von ihm machen können. Den Gott, dessen Liebe alle menschlichen Erwartungen durchkreuzt und zerbricht. Den Bilderstürmer, der uns sterben läßt, damit wir endlich begreifen, um wieviel größer sein Leben ist. Wenn wir auf Erden einen lieben Menschen verlieren, erahnen wir jetzt schon, was das bedeutet. Am Tag unseres Todes werden wir es noch radikaler, noch einschneidender erfahren. Dann werden vor der Wahrheit Gottes, in die wir eintreten, sämtliche Bilder zerfallen, die allein unser Werk waren, sogar das Bild von uns selbst. Dieser Augenblick heißt Gericht. Er wird schmerzlich sein, ganz gewiß. Aber wenn wir auf das Kreuz schauen, begreifen wir: So nehmen wir teil am Weg Christi. Wir müssen ihn gehen, denn er führt uns hinein in Gottes unbeschreibliche Wirklichkeit.

AM DRITTEN TAGE AUFERSTANDEN VON DEN TOTEN

Leerer Raum

Am 28. April 1958 lud der französische Avantgarde-Künstler Yves Klein zur Ausstellungseröffnung in eine Pariser Galerie ein. Der geheimnisvolle Titel für die Vernissage lautete: „Le Vide“ – „Der leere Raum“, und die Einladungskarte lockte die Besucher mit dem Versprechen, ihnen werde der Zugang zu einer neuen Weise der Wahrnehmung eröffnet, ja zu einem ekstatischen Erlebnis. Als der Eröffnungstag gekommen war, drängten sich etwa 3000 Neugierige vor den Türen der Galerie. Die wenigen, denen der Eintritt gelang, erwartete eine schockierende Überraschung. Yves Klein hatte den ganzen Raum weißgetüncht. An den Wänden hing nirgends ein Bild, es war rein gar nichts zu sehen. Eben „Le Vide“ – „leerer Raum“. Die Reaktionen der Gäste fielen sehr unterschiedlich aus. Einige verstummten und weinten, andere brachten vehement ihre Wut und Empörung zum Ausdruck. Ein junger Mann blieb an der Schwelle zum Eingang stehen und schrie: „Ich werde wiederkommen, wenn diese Leere gefüllt ist!“ Und Yves Klein antwortete ihm von innen: „Wenn sie gefüllt ist, wirst du nicht mehr hineinkommen können.“

Was an diesem Tag in Paris geschah, ist die Umsetzung eines für die moderne Kunst charakteristischen Anliegens. Sie möchte unsere Konventionen des Sehens radikal in Frage stellen. Während wir meinen, unsere Wahrnehmung würde stets durch Bilder bestimmt, weist Yves Kleins Performance die konsternierten Zuschauer darauf hin, daß „Sehen" möglicherweise nicht immer mit den Augen stattfindet, sondern in ganz anderer Weise. Vielleicht können Sinnes-Bilder einen Menschen sogar daran hindern, wirklich „sehend" in einen neuen, unbekannten Raum einzutreten. „Wenn diese Leere gefüllt ist, wirst du nicht mehr hineinkommen können."

Deuten wir die Aktion des exzentrischen Künstlers in dieser Weise, dann vermag sie uns den Zugang des Verstehens zu einem zentralen Thema des Osterfestes zu eröffnen. Auch an Ostern geht es um eine Revolution des Sehens, um die Umwälzung menschlicher Wahrnehmung. Das Osterfest möchte uns in der Begegnung mit dem Unsichtbaren hinführen zum wahren Sehen – indem es uns lehrt, wie die Erfassung des scheinbar problemlos Sichtbaren diesem tieferen Sehen im Wege stehen kann.

Das Evangelium des Ostersonntags aus dem 20. Kapitel bei Johannes zielt genau auf diese beiden Aspekte ab. „Petrus und der andere Jünger" laufen zum Grab Jesu. Als sie angekommen sind, finden sie es leer. Der Herr ist nicht dort, nur Schweißtuch und Leinenbinden sind zurückgeblieben. Um so überraschender ist es, wenn von dem „anderen Jünger", den die Tradition gerne mit Johannes identifiziert hat, gesagt wird: „Er sah und glaubte." Johannes sah mit den Augen des Glaubens, wo es für die leiblichen Augen nichts zu sehen gab.

Kurz darauf wird im selben Kapitel von der Begegnung des auferstandenen Christus mit Maria Magdalena berichtet. Sie sieht ihn in wahrnehmbarer Gestalt. Doch irrt sie sich zunächst nicht bloß in der richtigen Identifizierung, sondern als sie den „Rabbuni" endlich erkannt hat, muß sie auch noch die offenkundig abweisenden Worte hören: „Halte mich nicht fest, denn ich bin noch nicht zum Vater hinaufgegangen." Weshalb reagiert Jesus so schroff? Die Evangelien haben an anderen Stellen offensichtlich keinerlei Bedenken, von einer leiblichen Berührung des Auferstandenen zu berichten – man braucht nur an den Apostel Thomas im Johannesevangelium zu denken (Joh 20,24 ff.) oder daran, wie der Auferstandene seine Jünger bei Lukas auffordert, ihn anzufassen (Lk 24,39), was sie nach dem Zeugnis des Matthäusevangeliums tatsächlich auch anbetend taten (Mt 28,9). Wenn Jesus ebendies der Maria verbietet, ja wenn er seine Heimkehr zum Vater als Bedingung für die Berührbarkeit anzugeben scheint, dann mag uns diese Weisung zu Recht rätselhaft vorkommen. Helfen kann uns hier eine Auslegung des hl. Augustinus in seinem großen Johannes-Kommentar. Zu unserer Stelle schreibt er (tr. 121): „Jesus wollte, daß man so an ihn glaube, d. h. so ihn geistig berühre, daß er und der Vater eins sind. In den innersten Sinnen desjenigen Menschen nämlich ist er gewissermaßen zum Vater aufgestiegen, der in ihm so vorangeschritten ist, daß er ihn als dem Vater gleich anerkennt; anders berührt man ihn nicht recht, d. h. anders glaubt man nicht recht an ihn." Es war diese Einsicht, so Augustinus, die Maria Magdalena zum Zeitpunkt ihrer Begegnung mit dem Auferstandenen kurz nach Ostern noch fehlte. Im Grab suchte sie noch den Menschen, in der Gestalt des Gärtners meinte sie ihren lieben Meister wiedergefunden zu haben. Aber der auferstandene Christus will sich ihr nicht als einer zeigen, der in sein irdisches Leben zurückgekehrt wäre. Wer meint, ihn jetzt noch so sehen und benennen zu können wie vor seinem Tod, der irrt sich. Der Auferstandene ist jetzt nur mit den Augen des Glaubens recht erkennbar, die ihn begreifen, wie er niemals „im Fleisch", von den Augen des Leibes gesehen und „berührt" werden kann: als den zum Vater zurückgekehrten und bei ihm verherrlichten göttlichen Sohn. Was Christus der Magdalena sagen will, lautet in den Worten des Augustinus: „Du wirst mich berühren, wenn du an mich glaubst als den dem Vater nicht ungleichen Gott."

Das leibliche Sehen Marias ist gescheitert. Doch der Herr selbst führt sie zum tieferen Erkennen, das kein Auge aus Fleisch und Blut zu vollziehen vermag. Jesus hilft ihr, der „blinden Sehenden", zu einer wahrhaft Sehenden zu werden, indem er ihr seine sichtbare Gestalt entzieht, sie scheinbar in die Blindheit verweist. Nur so wird sie die Sehnsucht nach der greifbaren Menschengestalt hinter sich lassen können in der geistigen Berührung des Glaubens, im Bekenntnis zur unsichtbaren Gottesgestalt des Sohnes zur Rechten des Vaters.

Diesen Schritt müssen wir alle gehen, wenn wir uns dem auferstandenen Herrn nähern wollen. Es gibt vielen schönen Osterschmuck, kunstvolle Figuren des Auferstandenen, beeindruckende Darstellungen der biblischen Erscheinungsszenen in der Kunst. Sie alle bleiben Bilder des irdischen Menschen Jesus, sie nehmen Maß an seiner den Sinnen vertrauten Gestalt, die doch am Kreuz gestorben ist. Aber denjenigen, den wir im Credo als „Gottes ein(zig)geborenen Sohn, unseren Herrn" ansprechen, erfassen wir damit nicht. Wer ihn erkennen will, muß seit Ostern eintreten in den leeren Raum des Glaubens, wo wir jenseits aller Bilder sehen lernen aus dem inwendigen Licht des Geistes.

Rückkehr zum Vater

Auferstanden bin ich und nun immer bei dir, Halleluja! Du hast deine Hand auf mich gelegt, Halleluja. Wie wunderbar ist für mich dieses Wissen, Halleluja!“

Diese Worte bilden den Introitus, den Eröffnungsgesang der Messe vom Ostermorgen. Leider wird er heutzutage, wie so viele Eröffnungsverse, durch das nahezu immer an seiner Stelle stehende Gemeindelied fast völlig verdrängt. Eigentlich reicht es nicht einmal, diesen wunderbaren Text bloß vorzulesen – um seine Botschaft wirklich sinnlich zu erfahren, müßten wir ihn hören im langen, schwebenden Atem der gregorianischen Choralmelodie.

„Auferstanden bin ich und immer bei dir – Du hast deine Hand auf mich gelegt“. Wer spricht hier eigentlich? Wer ist das „ich“, wer das „du“? Der Sinn der Worte kann nur sein: Hier spricht der auferstandene Christus – und er richtet das Wort an Gott, seinen himmlischen Vater. Die Sätze unseres Eröffnungsverses stehen so, als Wort Christi, nicht in der Schrift. Aber das kann auch gar nicht sein, denn in der Schrift ist nur vom Kommen Gottes in Welt und Geschichte die Rede. Was aber in unserem Introitus ausgesprochen wird, erklingt jenseits von Raum und Zeit. Eben dort, wo der Sohn vor dem Vater steht, nachdem er zurückgekehrt ist zu ihm.

Die Kirche legt Christus dieses Wort in den Mund, und sie verwendet dazu Stücke aus einem Psalm (139). Das ist nicht ungewöhnlich. Recht oft finden sich Psalmworte in Beziehung auf Christus in der Liturgie und auch schon im Neuen Testament. Der hl. Augustinus schreibt einmal: Wenn wir die Psalmen beten, sprechen wir immer mit Christus, zu Christus oder über Christus. Hier ist offenbar der erste Fall gegeben. Unser Eröffnungsvers ist eine Anrede des auferstandenen Christus an seinen Vater, die sich die Kirche zu eigen macht.

Wenn wir uns auf menschliche Weise eine Situation vorstellen sollten, in der dieses Wort gesprochen wird, dann mag die Szene einer Heimkehr in den Sinn kommen. Ein Sohn, der lange fort war auf einer schwierigen Reise, kehrt nach Hause zurück, begrüßt in überbordender Freude seinen Vater und sagt: Ich habe es geschafft! Ich konnte zurückkehren, weil du mir dabei geholfen hast. Und ab heute gehe ich nie wieder von dir fort. Ein Bild – aber gar nicht so unähnlich dem, was im Zentrum der Botschaft des Neuen Testamentes steht. Der Sohn ist vom Vater ausgegangen in die Welt. Gibt es für Gott eine weitere Reise als den Weg in die Welt, in das Andere seiner selbst? Der Sohn wird Mensch, er tritt ein in unsere Geschichte. Was dies in letzter Konsequenz bedeutet, stellt uns die Karwoche vor jedem Osterfest eindringlich vor unser geistiges Auge: Er, der Gott gleich war, entäußerte sich und wurde wie ein Sklave, den Menschen gleich. Seine Erniedrigung reichte bis zum Tod am Kreuz. Die weite Reise, die der göttliche Sohn angetreten hat, seit er ausgegangen ist vom Vater – nach menschlicher Sicht endet sie am Karfreitag, im finsteren Grabhügel. In diesem Augenblick des Todes ist der göttliche Sohn uns Menschen unendlich nahegekommen. Denn das kennen wir ja: daß wir einen Menschen ziehen lassen müssen, den wir lieben, und dem wir alles erlauben würden, nur nicht, daß er für immer geht. Vom französischen Philosophen Gabriel Marcel stammt der vielzitierte Satz: „Einen Menschen lieben heißt ihm sagen: Du sollst nicht sterben." Die ganze Tragik unserer menschlichen Liebe liegt darin, daß wir diesen Satz sprechen wollen, obgleich seine Einlösung unserer Macht entzogen ist.

Nur wer den Schmerz des Fortgangs kennt, begreift die ungeheure Freude und Hoffnung, die in dem Wort steckt: „Ich bin auferstanden". Da ist einer, für den die Lebensreise nicht im Grab zu Ende war und der zu seinem Ursprung zurückgekehrt ist. Ein Mensch, der gegen alle menschlichen Erwartungen und Erfahrungen den Weg gefunden hat, wie das möglich ist. Einer, der nicht liegengeblieben ist, als man ihn niedergestreckt hat, und der so die Resignation derer überwindet, die am Ende immer den Tod am längeren Hebel sehen. Der Sohn spricht zum Vater: „Ich bin auferstanden", und zugleich: „Du hast deine Hand auf mich gelegt", d. h.: Du hast mich gerettet, beschützt mit deiner starken Hand. Ist das nicht ein Widerspruch? Nein, sondern es ist vielmehr der Hinweis auf das dreifaltige Geheimnis Gottes. Genauso macht es auch die Heilige Schrift. Sie sagt manchmal von Christus, er sei auferstanden, und manchmal, der Vater habe ihn auferweckt. Es ist dieselbe Vollmacht, dieselbe göttliche Kraft, die den Vater durchströmt und den Sohn. Die Botschaft ist am Ende gleich: Gott besiegt den Tod.

Wenn der Sohn zum Vater zurückkehrt nach seiner langen Reise durch den menschlichen Tod, ist nicht einfach alles wieder so, wie es vorher war, vor der Menschwerdung. Denn der Sohn kehrt als Mensch zurück. Das menschliche Fleisch, das er einmal angenommen hat, legt er nicht wieder ab. Er hat es durch den Tod getragen und in seiner Auferstehung verklärt, um es heimzubringen zum Vater. „Auferstanden bin ich und nun immer bei dir“ – das spricht Christus *als Mensch*, nicht als Gott, denn als Gott hatte er den Vater niemals verlassen. Als Gott *und* Mensch kehrt er nun heim. Als Mensch, der in der Kraft der Gottheit verwandelt ist, wird der Sohn für immer beim Vater leben.

Vielleicht verstehen wir nun, warum die Kirche sich anmaßt, diese Worte, Worte Christi selbst zu seinem Vater, aus sterblichen menschlichen Kehlen singen zu lassen an jedem Ostertag. Das hat nur einen Sinn, wenn wir alle jetzt schon wahrhaft eingeschlossen sind in dem menschlichen Ich Christi, das vor den Vater tritt. Und so ist es: Mit Christus, unserem Haupt, in der Einheit seines Leibes verbunden, stehen wir am Ostermorgen vor dem himmlischen Vater und dürfen jubelnd sprechen: „Ich bin auferstanden, Halleluja! Du hast deine Hand auf mich gelegt!“ Im geheimnisvollen, aber doch ganz wirklichen Sinn ist das bereits an uns geschehen. In unserer Taufe sind wir untergetaucht worden, haben Anteil gewonnen an Christi Tod, und wir sind mit ihm emporgestiegen in sein neues österliches Leben. In unserer Taufe und in unserer Firmung hat Gott seine Hand auf uns gelegt, stellvertretend durch die Hand des Priesters und des Bischofs. Die Hand Gottes, die sich in diesen Sakramenten ausstreckt über uns, nimmt uns ganz in Besitz, aber es ist auch die lebenspendende, schützende und rettende Hand. Es ist die Hand, die uns Gottes Geist mitgeteilt hat, damit wir Christus gleichgestaltet werden. Jesu Weg ist der unsere geworden. Mit ihm sind wir angekommen bei Gott.

Ist es dann noch erstaunlich, daß unser Vers gleich dreimal Halleluja singt? Den Ruf der reinen Freude vor Gott? Das grenzenlose, stammelnde Jubelwort, das fast klingt wie das lachende Lallen eines kleinen Kindes? „Wie wunderbar ist für mich dieses Wissen" – das Wissen, schon am Ziel zu sein in Christus, dem auferstandenen Herrn; das Wissen, daß Gottes Erwählung an uns zur Erfüllung gelangen wird, so wie sie am Menschen Jesus zur Erfüllung gelangt ist. Unser Ich, ganz aufgenommen, aufgesogen, einverleibt in Christus, um mit ihm für immer dasein zu dürfen vor dem Du Gottes: mehr braucht es nicht für die ewige Glückseligkeit. Das ist genug für ein Ostern ohne Ende.

„Auferstanden bin ich und nun immer bei dir, Halleluja! Du hast deine Hand auf mich gelegt. Halleluja. Wie wunderbar ist für mich dieses Wissen. Halleluja!"

Pascha – Zeit des Übergangs

„Transit“ ist längst nicht mehr bloß ein Wort der Verkehrstechnik. Es ist ein zeitdiagnostischer Begriff geworden, ein Epochenname der Gegenwart. Wir leben im Transit – in einer Zeit des Übergangs. Alles um uns herum wandelt sich, und das in einer Geschwindigkeit, die uns oft den Atem raubt. Was heute Mode ist, gilt morgen schon als alter Hut – so schnellebig sind unsere Geschmäcker. Der aktuellste Computer ist in einem halben Jahr bereits hoffnungslos überholt, weil die Technik rasant voranschreitet. In wenigen Jahren verdoppelt sich mittlerweile die Menge des verfügbaren Wissens in unserer Welt, und selbst Spezialisten behalten kaum den Überblick. Im gleichen Tempo wie die Wissenschaft aber wandelt sich auch die Gesellschaft. So rasch, wie die Berliner Mauer fiel, scheinen viele gesellschaftliche Ideale zusammenzubrechen. Werte und Normen, die in unserer Kinderzeit noch unhinterfragt galten, werden eine Generation später nicht mehr als bindend betrachtet, und unsere Kirchen, die nach dem letzten Krieg den Ansturm der Gläubigen kaum aufzunehmen vermochten, haben sich heute erschreckend geleert. Dies alles beweist: Wir leben im Transit, und keiner vermag heute abzusehen, wie es morgen sein wird.

Die Schnelligkeit des Wechsels und die Radikalität des Wandels lösen manche Angst und Sorge aus, gerade unter Christen. So verständlich diese Reaktion auch sein mag – jedes Mal, wenn die Kirche ihr Osterfest begeht, müßten wir uns fragen: Welchen Grund hat ein Christ eigentlich, ängstlich auf den Wandel der Welt zu blicken, wenn er Ostern feiert – Ostern, das Fest eines Wandels, wie er gründlicher gar nicht denkbar ist? Die *Nacht des Pascha* feiern wir, und Pascha heißt übersetzt nichts anderes als „Transit“, als „Übergang“. Nach dieser Nacht, die in den Texten und Riten unserer Liturgie jedes Jahr neue Gegenwart und Wirklichkeit wird, ist nichts mehr wie vorher.

Vor der Osternacht steht ein gewaltiges Kreuz auf dem Berg Golgotha. An ihm hängt der armselige Leichnam eines Menschen, zerschlagen und zerschunden, von Blut überströmt und von Spott überschüttet. Nachdem aber der neue Morgen begonnen hat, begegnen Zeugen einer Gestalt im Licht, majestätisch und unbegreiflich, die durch verschlossene Türen kommt und alle Grenzen dieser Welt hinter sich gelassen hat. Vor dieser Nacht ist es einsam am Felsengrab, in dem ein toter Wanderprediger, von einem römischen Todesurteil getroffen, seine letzte Ruhestätte gefunden zu haben scheint. Am Beginn des neuen Morgens, da die Sonne gerade aufgegangen ist, verkünden Boten des Himmels vor der geöffneten Gruft, daß der Lebende nicht mehr bei den Toten zu finden ist. Vor dieser Nacht schleichen sich elf enttäuschte Feiglinge weg von ihrem offensichtlich gescheiterten Herrn, nachdem der zwölfte ihn ans Messer geliefert hat. Wenige Stunden später werden dieselben Männer aufbrechen, um jubelnd der ganzen Welt vom Sieg des Auferstandenen zu künden und allen Völkern in seinem Namen ewiges Leben anzubieten, auch wenn ihr eigenes irdisches Leben dabei vernichtet werden sollte.

Alles ist anders nach dieser Nacht, in der das Pascha stattfindet, in der Gott selbst die Welt berührt und den Übergang bewirkt hat vom Sterben zum Auferstehen, aus der Finsternis in das Licht, vom Tod durch die Sünde zur Gnade ewigen Lebens. Wenn wir Osternacht feiern, lassen wir uns hineinnehmen in diesen gewaltigsten aller Übergänge. Wir ziehen in die dunkle Kirche ein, und bald darauf sind wir umgeben von strahlendem Licht, das sich den Weg gesucht hat bis in den letzten Winkel des Gotteshauses. Wir kommen in ernstem Schweigen und finden uns wieder im überfließenden Jubel der Glocken, Stimmen und Instrumente. Und der Höhepunkt ist erreicht, wenn im Wasser der Taufe ein Mensch einbezogen wird in Christi Sterben, um sogleich mit ihm zum neuen Leben der Gotteskindschaft aufzuerstehen.

Wenn wir das ernst nehmen, was sich in der Osternacht durch heilige Zeichen und wirkmächtige Symbole vollzieht, dann kann uns kein Wechsel und Wandel dieser Welt mehr erschrecken. Keiner von uns braucht Angst davor zu haben, was ihm seine irdische Zukunft bringt, denn er hat mit seinem österlichen Herrn schon längst jene Schwelle überschritten, die technischer Fortschritt und gesellschaftliche Revolution niemals überwinden werden. Doch die Feier des Pascha, der Nacht des Übergangs, bedeutet noch mehr. Wenn unsere Welt sich verändert, dann soll uns das als österliche Menschen nicht bloß nicht erschrecken, es muß uns in gewissem Sinne sogar freuen. Jede Veränderung nämlich, die in dieser Welt geschieht, deutet auf ein Geheimnis hin, das nur wir Christen entschlüsseln können. In allem Wechsel und Wandel spricht eine leise Stimme: Diese Welt *darf* gar nicht so bleiben, wie sie jetzt ist, denn sie hat ihr wahres Ziel noch nicht erreicht. Die Veränderlichkeit und Unstetigkeit der Erdenzeit, die unsere Generation vielleicht intensiver erfährt als Menschen früherer Epochen, wird im Licht des Ostertages zum Hinweis darauf, daß die Welt als ganze auf ihre letzte Vollendung wartet. Paulus vergleicht sie deshalb im Römerbrief (8,22) mit einer schwangeren Frau, die „seufzt und in Geburtswehen liegt". Das bedeutet: Von Ostern her dürfen wir selbst das Seufzen und den Schmerz dieser Welt, das Böse also und das Leiden und sogar die scheinbaren Veränderungen zum Schlechten als Vorboten einer kommenden Schöpfung deuten. Krieg und Gewalt, Krankheit und Sterben, leibliche und seelische Not – dies alles kann ein glaubender Mensch durchstehen, denn er erkennt darin die Geburtswehen einer neuen Zeit. Zwar ist sie jetzt noch verborgen wie das Kind im Mutterschoß, aber seit der Auferstehungsnacht Christi kann keine Macht der Welt ihre Durchsetzung mehr aufhalten.

Wenn für Gott die Stunde richtig erscheint, wird noch einmal Osternacht gefeiert werden: Pascha des Herrn dann für den ganzen Kosmos, endgültiger Übergang vom Klageruf der Adamskinder zum immerwährenden Halleluja der Hausgenossen Gottes. Zwischen der ersten Osternacht Christi und jener letzten Osternacht, in welcher der Jüngste Tag der Schöpfung anbricht, steht unser Ostern, unser österliches Leben heute. Wir stehen dazwischen: Wir feiern gläubig, was schon von Gott geschehen ist, und schöpfen so Kraft und Hoffnung für all das, was kommen mag und noch verborgen ist. Als Christen leben wir immer im Transit, in einer Zwischenzeit des Übergangs – und immer neu machen wir den entscheidenden Schritt in der Feier jener Nacht, die so anders ist als alle anderen Nächte.

AUFGEFAHREN IN DEN HIMMEL, SITZT ER ZUR RECHTEN GOTTES, DES VATERS

Aufdeckende Verhüllung

Eine der spektakulärsten Kunstaktionen in Berlin war vor einigen Jahren die Verhüllung des Reichstages durch das Ehepaar Christo. Viele tausend Berliner und Besucher aus aller Welt machten damals eine überraschende Erfahrung: Sie nahmen den Reichstag zum ersten Mal bewußt wahr in einem Augenblick, als er nicht mehr zu sehen war. Das verpackte Gebäude erhielt eine ganz neue Gegenwärtigkeit und Präsenz gerade in seiner Entzogenheit. Verhüllung kann Verwandlung sein: Das gleiche ist auf einmal auf eine ganz neue Weise da. Die Fassade verschwindet, und ein Bild erscheint, das mehr ist als Augenschein.

Was der zeitgenössische Künstler Christo vollzieht, kennt die christliche Liturgie seit alter Zeit, wenn sie Altäre und heilige Gefäße, ja sogar die im Gottesdienst agierenden Menschen mit Tüchern und Gewändern unseren Blicken entzieht. Verhüllung ist ein zutiefst christliches Symbol, und mit keinem Geheimnis des Lebens Jesu kann man es mehr in Verbindung bringen als mit dem letzten, von dem das Glaubensbekenntnis spricht. Christi Himmelfahrt ist ein Tag der Verhüllung – und zugleich ein Tag neuer, ungekannter Gegenwart. Vor den Augen der Jünger, so berichtet uns die Apostelgeschichte, wurde der Herr emporgehoben: „eine Wolke nahm ihn auf und entzog ihn ihren Blicken“ (Apg 1,9). Was ist diesem Verhüllungsgeschehen vorausgegangen? Über 30 Jahre lang hat Jesus von Nazareth als Mensch auf der Erde gelebt, „in allem uns gleich außer der Sünde“ (Hebr 4,15). Er lebte für jeden sichtbar in seiner menschlichen Gestalt, zuletzt in engster Gemeinschaft mit seinen Jüngern. Haben die Menschen ihn in dieser Zeit verstanden? Hat der alltägliche, scheinbar durch nichts behinderte Umgang mit Jesus sie dahin geführt, das Geheimnis seiner Person zu verstehen: seine Sendung vom Vater, sein göttliches Wesen?

Wir kennen die Antwort auf solche Fragen. An Judas ist als erstem sichtbar geworden, wie wenig die Menschen nach all der Zeit des Zusammenseins tatsächlich von Jesus begriffen haben. Wie viele andere in Israel erwartet er von seinem Meister vielleicht bis zuletzt die große nationale Befreiungstat, den revolutionären Akt des politischen Messias. Als Jesus diese Erwartung enttäuscht, verrät Judas ihn. Doch nicht er allein ist es, der versagt. Der Karfreitag wird zum Glaubenstest für die Jünger – und fast alle bestehen ihn nicht. Sie sehen in Jesu Tod nicht den Sieg der ungebrochenen, erlösenden Liebe Jesu, sondern den Untergang und das Scheitern seiner Botschaft. Darum fliehen sie und lassen ihn im Stich. Weithin für alle sichtbar ist Christus am Kreuz erhöht – und niemals ist er den Menschen unbekannter als in dieser Stunde.

Dann kommt der Ostertag. Es klingt paradox: In dem Augenblick, da Jesus endgültig die irdische Welt verläßt, da er eingeht in die Gestalt himmlischer Verklärung, beginnen die Jünger, sein Geheimnis zu begreifen. Jetzt vermag Thomas, die Wahrheit über ihn in klarster Form zu bekennen: „Mein Herr und mein Gott!" (Joh 20,28). Ostern und Himmelfahrt – zwei Aspekte desselben Geschehens, für den Evangelisten Johannes sogar eins –, sie verhüllen das sichtbare menschliche Wesen Jesu, aber zugleich enthüllen sie seine bisher unbegriffene, verborgene Wirklichkeit: Er ist wahrhaft Gottes Sohn, der Erlöser der Welt! Nach Ostern entsteht das Bekenntnis zu Christus. Jetzt erst ist der Weg frei zum ganzen Glauben an ihn als den Herrn. Dieser wahre Glaube, dessen Ausformung mit dem Himmelfahrtstag beginnt, ist Begreifen Jesu im Geist, und alle, die ihn geschenkt bekommen, müssen, wie der hl. Augustinus sagt, von „fleischlichen" zu „geistigen" Menschen werden.

Darum ist der Geist das große Versprechen Jesu für die Zeit seines Fortgangs. Heiliger Geist – das ist vor allem die gottgewirkte Gabe des Verstehens, einer Einsicht, die tiefer reicht als alle Daten, die unsere Sinne uns bereitstellen können, und als alle Erkenntnisse, die unser Verstand daraus abzuleiten vermag. Jetzt wird das scheinbar so harte Wort verständlich, das Jesus in den Abschiedsreden gesprochen hatte: Es ist gut für euch, daß ich fortgehe, denn sonst kommt der Geist nicht zu euch (vgl. Joh 16,7). Das bedeutet: Es ist gut für euch, daß meine menschliche Gestalt euren Augen entzogen, für euch verhüllt wird, damit ihr mich im Geist endlich so verstehen lernt, wie ich wirklich bin. Von heute an zeige ich euch nicht mehr einen menschlichen Leib, von dem ihr euch erst mühsam vorarbeiten müßt zum Begreifen der Gottheit, sondern ich sende meinen Geist in euer Herz, der selbst Gott ist, damit ihr von nun an Gott durch Gott erkennt. Denn nur so ist Gott uns Menschen erkennbar.

Alle Weisen der Gegenwart Christi in unserer Welt sind darum seit dem Tag der Himmelfahrt Weisen seiner verborgenen, verhüllten Anwesenheit, die nur wirklich begreifen kann, wer mit den Augen des Geistes sieht. Der Herr ist gegenwärtig im Nächsten, vor allem im Notleidenden, doch wir begegnen ihm erst dann, wenn uns die übernatürliche Liebe bewegt, den Ruf anzunehmen, den das fremde Antlitz an uns richtet. Der Herr ist gegenwärtig im Wort der Heiligen Schrift, doch wir erkennen ihn darin nur, wenn der „inwendige Lehrer" unseren Verstand erleuchtet und uns den Sinn der Botschaft erschließt. Der Herr ist gegenwärtig in seiner Kirche, die allein derjenige richtig erfaßt, der sie nicht bloß von außen anschaut, als eine Institution und menschliche Einrichtung unter vielen, sondern der sie in ihrem verborgenen Wesen begreift als geheimnisvollen Leib Christi in der Zeit, durch den Gott auch heute die Menschen dieser Welt sichtbar berührt, um ihnen unsichtbar Gnade und Heil zu schenken. Der Herr ist gegenwärtig im Altarsakrament, wahrhaft und wesenhaft – und wieder verhüllt unter den Gestalten von Brot und Wein, aber sichtbar für den, der dem Wort Christi mehr vertraut als dem Zeugnis seiner Sinne.

Christi Himmelfahrt – Tag aufdeckender Verhüllung. Er nimmt uns die fleischlichen, menschlichen, äußerlichen Bilder weg, damit wir die Welt sehen lernen, wie Gott sie sieht. Er macht den Blick frei in eine Dimension der Wirklichkeit, „die kein Auge gesehen und kein Ohr gehört hat, die in keines Menschen Herz gedrungen ist, die aber Gott jenen bereitet hat, die ihn lieben" (vgl. 1 Kor 2,9). Lassen wir uns durch Christi Verwandlung verwandeln in geistige Menschen, die anders sehen als die Kinder dieser Welt. Lassen wir den Herrn fortgehen, damit er für immer bei uns bleibt.

Eingetreten in das Allerheiligste Gottes

Christi Himmelfahrt bedeutet: Als wahrer Mensch kehrt der auferstandene Christus heim zum Vater. Er macht sich auf einen Weg, den wir nicht kennen, aber auf dem wir ihm, wie er uns verspricht, einmal nachfolgen sollen. Er entzieht sich unseren Händen und unseren Augen, und zugleich sichert er uns zu, daß er von nun an noch intensiver bei uns und für uns dasein wird.

Wann immer wir einem großen Geheimnis begegnen, merken wir, wie unsere Sprache versagt. Aus dem sicheren Bezirk der Begriffe und Definitionen treten wir ein in das Reich der Vergleiche, Analogien und Symbole. In ihnen wird erahnbar, was sich unserem Verstehen entzieht. Daß der Weg der Bilder tatsächlich der einzig gangbare ist, um die Wahrheit der Himmelfahrt ins Wort zu bringen, hat schon der Verfasser des Hebräerbriefes gewußt. Er greift in seinem neunten und zehnten Kapitel zu einem Bild, das den Hörern in den frühen Christengemeinden, vor allem Judenchristen, aber durchaus auch Christen aus dem Heidentum leicht verständlich war. Er vergleicht Christus, der in den Himmel aufsteigt, mit dem jüdischen Hohenpriester, der das innerste Heiligtum des Jerusalemer Tempels betritt. Damit auch wir Heutigen den Reichtum und hohen Wert dieser Theologie verstehen können, brauchen wir einige Informationen mehr als die Adressaten damals. Was also hat es auf sich mit dem Hohenpriester, dem Tempel und seinem Heiligtum, daß uns gerade dadurch Christi Himmelfahrt erklärt werden kann?

Wer heute nach Jerusalem reist, sieht nicht mehr viel von dem Bauwerk, das bis zum Jahr 70 nach Christus das unbestrittene Zentrum der Stadt und zugleich der ganzen jüdischen Religion gewesen ist. Nur noch eine fast 50 Meter lange und 18 Meter hohe Mauer, die weltberühmte Klagemauer, die einst den Jerusalemer Tempel nach Süden hin abschloß, läßt uns zusammen mit einigen Toren erahnen, welch beeindruckendes Gotteshaus hier gestanden haben muß, bevor es durch die römischen Eroberer vernichtet wurde. Wir würden auf eine falsche Fährte geraten, wenn wir uns diesen Tempel allzu sehr nach Art unserer christlichen Kirchen vorstellen wollten. Der Tempel zur Zeit Jesu ist nicht ein einziges Gebäude, sondern vielmehr ein verschachteltes System von Höfen, Häusern und Altären, mit diversen abgegrenzten Arealen, die den inneren Kern, das Heiligtum mit dem Allerheiligsten, umschließen. Der Zugang zu den Bereichen ist streng abgestuft: Von einem äußersten Bereich, in den auch die Heiden eintreten dürfen, geht es schrittweise weiter in den inneren Bezirk. Zuerst gibt es eine Zutrittsgrenze für die Frauen, dann für die Männer des Volkes, schließlich auch für die gewöhnlichen Priester. Auch sie müssen vor jenem würfelförmigen, fensterlosen, gänzlich leeren Raum innehalten, der, nur durch einen Vorhang abgetrennt, im Herzen des zentralen Tempelgebäudes liegt. Während in den äußeren Arealen täglich reges religiöses Leben mit Gebet und Opfern pulsiert, herrscht hier hermetische Abgeschiedenheit. Hier hat nur noch einer Zutritt, und das ein einziges Mal im Jahr: der Hohepriester. Er ist wichtige politische Autorität und als die oberste Mittlergestalt im jüdischen

Kult Vertreter des ganzen Volkes vor Gott. Als einzelner steht er für alle. In seinem prächtigen Amtsgewand darf er jedes Jahr im Herbst, am sogenannten Versöhnungstag (dem *Jom Kippur*), das Allerheiligste betreten, den Ort der Gegenwart und Wohnung Gottes selbst, um dort durch einen Besprengungsritus mit dem Blut der Opfertiere stellvertretend die Sünden des ganzen Volkes zu sühnen. Darin, so glauben die Juden, erneuert sich immer wieder der Bund Gottes mit Israel.

Wir müssen um die Bedeutung des alttestamentlichen Hohenpriesters und seines einzigartigen Tempeldienstes wissen, um begreifen zu können, wie revolutionär die bildhafte Übertragung ist, die der Hebräerbrief im Blick auf Christus vornimmt. Die Grundaussage des Hebräerbriefes lautet: Was Jesus Christus in seinem Kreuzesopfer und in seiner Rückkehr zum Vater nach der Auferstehung tut, überbietet den zentralen Ritus der jüdischen Religion, ja macht ihn überflüssig und setzt damit dem ganzen alttestamentlichen Opferkult ein Ende. Was die Juden für den höchsten religiösen Kultakt ansehen, erweist sich im Licht des Ostergeheimnisses Christi als Vorausbild, das auf seine Erfüllung gewartet und sie nun gefunden hat. Die vielen Hohenpriester werden abgelöst durch den einen, wahren Hohenpriester Christus. An seinem Versöhnungstag versprengt er kein fremdes Blut von Opfertieren, sondern vergießt sein eigenes Blut am Stamm des Kreuzes. Er muß nicht jedes Jahr aufs neue das Opfer vollziehen; sein Lebensopfer wird ein einziges Mal dargebracht und ist hinreichende Sühne für die Sünden der Menschen aller Zeiten. Wenn wir von ihm sagen, daß er in das „Allerheiligste" eingetreten ist, dann meinen wir nicht mehr die Tempelkammer, die bei aller sakralen

Mystik letztlich auch nur ein von Menschen errichtetes Bauwerk aus Stein bleibt. Christus tritt an seinem großen Opfer- und Versöhnungsfest in die wahre Wohnung Gottes ein, vor sein lebendiges Angesicht – in den Himmel, der nichts von Menschen Gemachtes ist, sondern das Jenseits des unsichtbaren Gottes selbst.

Damit ist nach der Theologie des Hebräerbriefes der Sinn dessen erreicht, was die Kirche an Christi Himmelfahrt feiert. Dieser Tag ist Teil des einen, umfassenden Ostergeheimnisses. Das Opfer des Karfreitags, die Auferstehung und der endgültige Eintritt in den Raum Gottes gehören untrennbar zusammen, so wie im Alten Bund das Versöhnungsopfer und das Betreten des Allerheiligsten zusammengehören. Wir können dies in der Liturgie nachvollziehen, in der heute die Osterzeit vom heiligen Triduum bis Christi Himmelfahrt und auch noch bis Pfingsten eine enge Einheit darstellt. Noch wichtiger aber ist, was dies für unsere Erlösung bedeutet. Wenn uns der Karfreitag sagt, daß Christus am Kreuz unsere Sünden getilgt hat, so lehrt uns der Himmelfahrtstag, der untrennbar mit ihm verbunden ist, daß wir zusammen mit Christus in ein neues Leben bei Gott eintreten sollen. Vergebung und Begnadung, Nachlaß der Sünden und Zugang ins unermeßliche Lebensgeheimnis Gottes werden uns zugleich, mit einem Mal geschenkt. Denn das, so lehrt der Hebräerbrief, ist auch anders geworden im Vergleich zum jüdischen Kult: Der Eintritt ins Allerheiligste, ins intimste Leben mit Gott, ist von nun an nichts mehr, was der Hohepriester exklusiv für sich behalten will. Christus, der wahre Hohepriester des Neuen Bundes, tritt durch die Hingabe seines Lebens mit seiner wahren menschlichen Natur in den Himmel ein. In diesem verklärten Leib aber sind geheimnisvoll alle eingeschlossen, die mit Christus in Verbindung stehen. Er ist das Haupt, dem die Glieder seines Leibes, der die Kirche ist, folgen sollen. Besprengt und gereinigt durch sein Blut, dürfen auch sie eintreten ins innerste Heiligtum. In Christi Tod ist der Vorhang des Tempels zerrissen. Der menschgewordene Gottessohn selbst wird zur offenen Tür, die uns mitten ins Allerheiligste geleitet. Als Mensch ist er der lebendige Weg, der zum Herzen des Vaters führt.

Darum ist der Himmelfahrtstag für die Kirche vor allem ein Tag zuversichtlicher, erwartungsvoller Hoffnung. Denn wo Christus jetzt ist, ist er als unser Fürsprecher, als Wegbereiter und treuer Zeuge, der versprochen hat, auch uns dort „eine Wohnung zu bereiten". Wenn er schon am Ziel ist, können wir uns eigentlich nicht mehr verlaufen, obgleich unsere Lebenspfade manchmal noch steinig und verschlungen sind. Wer die Himmelfahrt Christi feiert, weiß: Seine Heimat von Ewigkeit wird auch unsere Heimat für die Ewigkeit sein. „Mir nach!" ruft er uns allen zu.

VON DORT WIRD ER KOMMEN ZU RICHTEN DIE LEBENDEN UND DIE TOTEN

An das Ende denken

Wenn in Rom die Kardinäle der Welt zusammenkommen, um einen neuen Papst zu wählen, versammeln sie sich in der Sixtinischen Kapelle unter Michelangelos gewaltigem Wandfresko vom Jüngsten Gericht, in dessen Mitte die majestätische Gestalt des Richters Christus steht. Vor seinem strengen Angesicht sollen sie ihre Entscheidung verantworten. Dieselbe dramatisch-ernste Stimmung im Vorausblick auf den „Tag des Zornes“, der für die Christen der Tag ihres wiederkehrenden Herrn ist, haben berühmte Tondichter der Vergangenheit wie Mozart, Verdi oder Berlioz in ihren Kompositionen für das Requiem, die Totenliturgie der Kirche, musikalisch auszudrücken versucht. Auch sie sind Weckruf an die noch Lebenden im Blick auf das unausweichliche Ende. Die biblischen Texte, die den Malern wie den Musikern zum Vorbild dienten, wirken tatsächlich wie ein Paukenschlag, der aufschrecken läßt, wie ein gewaltiges Crescendo gegen Ende einer großen Symphonie. Bis heute werden sie in der Liturgie der Kirche verkündet, wenn ein Kirchenjahr abschließt und ein neues beginnt. Wo die Evangelien vom Ende der Welt sprechen, treten die machtvollen Motive der Apokalypse vor unser geistiges Auge: die Sterne, die vom Himmel fallen, die Grundfesten der Erde, die zu wanken beginnen, und der erhöhte Menschensohn, der als Richter wiederkehrt.

Aber erreichen diese Bilder noch ihr Ziel? Wir Heutigen scheinen uns nur noch schwer von dem beeindrucken zu lassen, was die Heilige Schrift uns über das Ende der Welt vorträgt. Nicht nur die Sequenz „Dies irae“ ist aus den Totenmessen verschwunden. 2000 Jahre nach Christi Geburt ist uns die endzeitliche Stimmung der Evangelien als ganze ziemlich fremd geworden. Die Erwartung der frühen Christenheit, daß der Herr bald wiederkommen wird, ist lange verblaßt. Statt dessen geht es uns mit den apokalyptischen Visionen der Bibel kaum anders als mit den Aussagen der Naturwissenschaften über das Ende der Welt. Ihre düsteren Prognosen vom Hitze- oder Kältetod des Universums weisen nach allen Berechnungen so weit in die Zukunft, daß sie sich unserer Vorstellungskraft entziehen und für unser kurzes irdisches Leben bedeutungslos sind. Daß Christus „wiederkommen wird in Herrlichkeit, zu richten die Lebenden und die Toten“, dürfte manchem als eine ganz ähnliche Aussage vorkommen. Sie mag irgendwann in der Zukunft Wirklichkeit werden, aber vermutlich noch nicht allzu bald. Etwas anderes zu behaupten, fällt bestenfalls einigen Sekten ein, die mit ihren Voraussagen schon mehr als einmal Schiffbruch erlitten haben. Der Eindruck bleibt, daß der Satz des Glaubensbekenntnisses über die Wiederkunft Christi vielleicht in einer theologischen Vorlesung über die „Letzten Dinge" seine tiefsinnige Erklärung findet, aber unser jetziges christliches Leben unberührt läßt.

Eine solche Einschätzung könnte ein wenig vorschnell sein. Vorschnell deswegen, weil die zentrale Aussageabsicht der biblischen Texte, die über das Ende der Welt sprechen, gar nicht an die Frage geknüpft ist, wann und wie dieses Ende eintreten wird. Das Entscheidende, das uns die Schrift klarmachen will, lautet vielmehr: Die Zeit unserer Welt ist endlich, von Gott bemessen und begrenzt. Darum ist alles in unserer Welt vor-läufig – es muß sich von seiner Ausrichtung auf jenes Ziel her bestimmen, das ihm von Gott gesetzt ist. Im Blick auf dieses Ziel gewinnt jeder Augenblick der Gegenwart den Charakter des Aufrufs zur Entscheidung, die Würde der unwiederbringlichen Einmaligkeit. Dies ist weit mehr als eine abstrakte Wahrheit. Denn für jeden von uns gibt es ein sehr konkretes Ereignis, das unserem persönlichen Leben seinen endlichen und damit „endzeitlichen" Charakter verleiht. Dieses Ereignis ist unser individueller Tod, dessen Nähe jede Sekunde unseres Daseins begleitet. In ihm kommt der einzelne Mensch an jenes Ziel seiner Geschichte, das die Schöpfung als ganze jetzt noch nicht erreicht hat. Er wird uns zur Begegnung mit dem Richter und Vollender Christus führen, wie sie am Jüngsten Tag der ganzen Welt bevorsteht.

Wenn die Evangelien vom Untergang des Kosmos sprechen, dann erinnern sie uns an dieses Grundgesetz der Endlichkeit und Vorläufigkeit, unter dem wir Menschen zusammen mit der ganzen Schöpfung stehen. Jeder von uns weiß genau: Ich bin einmal geboren worden, und ich werde einmal sterben. Jeder Tag meines Lebens ist ein

Schritt auf den Tod zu. Jedes Jahr zeichnet in mein Gesicht und in meinen Leib eine neue Spur der Vergänglichkeit. Mancher will das nicht wahrhaben. Es gibt Zeitgenossen, die sich im vergeblichen Kampf gegen ihre Falten, das Erschlaffen ihrer Haut und die Altersflecke auf ihren Händen dutzendmal operieren lassen. Vermutlich wird uns die Medizin in den kommenden Jahrzehnten noch weitere Mittel bereitstellen, die unsere Lebenszeit verlängern. Aber selbst wenn einmal die Lebenserwartung bei 200 Jahren liegt: Irgendwann ist die biologische Uhr abgelaufen. Der Leib zerfällt. Wir werden sterben. Wenn das Evangelium vom „Einsturz des Himmels" spricht, dann will es uns an dieses Los der Vergänglichkeit erinnern. Selbst der Himmel, den die antike Welt für ewig und unzerstörbar hielt, ist aus dem Stoff der Endlichkeit gebaut, so wie alles andere, so wie wir.

Dieser Blick auf den Himmel beeindruckt uns vielleicht deshalb nicht mehr so sehr wie die Menschen früherer Zeiten, weil wir von klein auf gewohnt sind, auch über die Himmelskörper in der Sprache der Physik und ihrer Naturgesetze zu reden. Wir kennen die Bilder von verglühenden Sternen, von untergehenden Milchstraßen und explodierenden Sonnen, wie sie uns die Weltraumteleskope aus den unermeßlichen Weiten des Alls einfangen. Aber möglicherweise gibt es andere Vorzeichen der unentrinnbaren Vergänglichkeit, die auch uns noch anrühren und zum Nachdenken bringen: wenn riesige Überschwemmungen in Minuten die Arbeitsleistung von Jahrzehnten zunichte machen; wenn der Absturz eines Flugzeugs dutzende Menschen in den Tod reißt, die Sekunden zuvor in der Blüte ihres Lebens standen; oder wenn auf dem Grund des Meeres ein Matrose im Dunkel seines gesunkenen U-Bootes auf einen Fetzen Papier letzte Worte der Liebe an seine Frau schreibt, von der er weiß, daß er sie nie wiedersehen wird. All das sind Symbole des Sterbens, Ahnungen, daß die Geschichte dieser Welt kein einfaches Happy End haben könnte. Apokalyptische Bilder mitten in unserer Gegenwart.

In ihnen begegnen wir sehr unmittelbar den „Zeichen der Zeit“, von denen das Evangelium sagt, daß wir sie nicht übersehen dürfen. Sie wollen uns wachrütteln aus manchem selbstbetrügerischen Traum, aus menschlichem Größenwahn, aus Illusionen über die wahre Realität unseres zerbrechlichen Lebens. Es sind Zeichen, die eine Botschaft und eine Mahnung in sich tragen. Sie sagen uns: Wenn wir Menschen nach etwas Ewigem suchen, dann werden wir es nirgendwo in dieser Welt finden. „Die Gestalt dieser Weltzeit vergeht“, stellt der hl. Paulus nüchtern fest (1 Kor 7,31), und das spürt jeder von uns schon heute. Wer Anteil an der Ewigkeit ersehnt, wird ihn nur in Gott finden – oder nirgendwo. Denn Gott ist kein Teil dieser vergehenden Welt. Vielmehr ist er es, der, selbst ewig und unwandelbar, alles Werden und Vergehen trägt und lenkt. In Christus, seinem schöpferischen Wort, geht er als Ursprung der Welt voraus, und in Christus, dem Richter in der Gestalt des wiederkehrenden Menschensohns, wird er den Lauf ihrer Zeit beschließen. Wer zu Christus gehört, braucht darum nicht zu verzweifeln, wenn er sich der Endlichkeit seiner selbst wie der Welt bewußt wird. Wenn uns der näherrückende Tod erschreckt, sollen wir auf ihn den Blick unserer Hoffnung richten, wie es die Liturgie der Osternacht tut, wenn sie bekennt: „Christus, gestern und heute, Anfang und Ende, Alpha und Omega! Sein ist die Zeit und die Ewigkeit.“ Wenn alles um uns zusammenbricht, hat Christus die Macht, seine „Engel aus(zu)senden und die von ihm Auserwählten aus allen vier Windrichtungen zusammenzuführen vom Ende der Erde bis zum Ende des Himmels“ (Mk 13,27). Unsere wichtigste Bitte an diesen Herrn bleibt diejenige, die Christen vieler Jahrhunderte im „Dies irae“ ausgesprochen haben: „Voca me cum benedictis“ – „Mit den Gesegneten rufe auch mich.“

Der gerechte Richter

Zu den zentralen Werken des Schriftstellers Franz Kafka gehört sein unvollendeter Roman „Der Prozeß“. Es ist die traumartig-surreale Geschichte des Bankangestellten Josef K., der ohne Vorwarnung eines Morgens verhaftet wird. Von nun an lebt er unter Anklage, ohne daß er wüßte, wessen er sich schuldig gemacht hätte und welche Vorwürfe er widerlegen müßte. Das Gericht, vor dem er sich zu verantworten hat, besteht aus bedrohlichen Instanzen und Behörden, die mit skurrilen und undurchschaubaren Personen besetzt sind. Ohne eine echte Chance der Verteidigung gehabt zu haben, wird Josef K. schließlich von zwei Männern abgeführt und hingerichtet.

Die Gelehrten diskutieren bis heute heftig darüber, wie man den merkwürdigen Roman Franz Kafkas zu interpretieren hat. Aber eines steht wohl fest: In ihm spiegelt sich so etwas wie eine Urangst des Menschen wider – ausgeliefert zu sein an ein willkürliches Tribunal, an eine anonyme Macht, von der wir nicht viel mehr begreifen, als daß sie uns vernichten will. Wenn wir als gläubige Menschen vom Gericht Gottes sprechen, dann meinen wir etwas völlig anderes als einen solchen kafkaesken Prozeß. Das Gericht am Ende der Welt wird kein düsteres Spektakel der Absurdität sein. Worum es dann gehen wird, wissen wir heute schon, denn es steht für alle lesbar im Evangelium, in der großen Bildrede vom Weltgericht aus dem 25. Kapitel bei Matthäus.

Das Evangelium sagt uns *erstens*, wer am Ende der Richter sein wird. Es ist ein einziger: Christus, der Herr. Nicht eine anonyme Instanz, sondern er, der Gekreuzigte und Auferstandene. Der Richter wird derselbe sein, der in seinem Leben das Gesetz der Liebe offenbart und allen im Glauben die Vergebung Gottes angeboten hat. Jetzt kommt er in Herrlichkeit und göttlicher Macht, mit den Engeln als seinem Hofstaat. Die Völker der Erde müssen sich vor seinem Thron versammeln. Es ist ein Bild, das uns den Ernst und die Bedeutung dieses Augenblicks klarmachen will. Wenn dieser Christus das letzte Urteil spricht, muß er wahrer Gott sein – das werden nun alle Menschen erkennen und anerkennen. Erst am Jüngsten Tag wird die Selbstoffenbarung Gottes in Christus vollendet sein, erst jetzt wird die Wahrheit des Christentums unbezweifelbar werden, erst jetzt wird sich „jedes Knie im Himmel, auf der Erde und unter der Erde" beim Bekenntnis beugen, daß Jesus Christus der Kyrios, der göttliche Herr, ist (vgl. Phil 2,10 f.). Sein Gericht vollzieht sich am Maßstab universaler Gerechtigkeit. Nicht einzelne werden willkürlich vor den Richter geschleppt, sondern ausnahmslos jeder muß vor ihm Rechenschaft ablegen. Vor dem Angesicht Christi zählen nicht Herkunft, nicht Geld und auch nicht gute Beziehungen. Es zählen allein die Taten und die Herzen der Menschen, die der unbestechliche Richter Christus besser kennt als diese selbst.

Zweitens gibt uns Christus im Evangelium auch schon zu verstehen, nach welchem Kriterium der Urteilsspruch erfolgt und warum dies so sein wird. Es sind die Werke der Liebe, aufgrund derer der Richter sein Urteil fällen wird, konkrete Werke der Nächstenliebe. Aber das Entscheidende dieses Kriteriums wird erst in der Erläuterung offenbar, die Christus anschließt: „Was ihr dem geringsten meiner Brüder (und Schwestern) getan habt, das habt ihr mir getan“. Mit den „(Schwestern und) Brüdern“ sind an dieser Stelle wahrscheinlich nicht bloß die Christen gemeint, obwohl das zu anderen Stellen der Bibel passen würde, an denen Jesus ausdrücklich von denjenigen als seinen „Brüdern“ spricht, die den Willen des Vaters im Himmel tun. Hier aber sind eher alle bedürftigen Menschen gemeint, mit denen der König Christus sich überraschend identifiziert. Man hat geradezu von einem „zweiten Wandlungswort“ gesprochen, das neben dem eucharistischen Konsekrationswort des Abendmahlssaals an dieser Stelle im Matthäusevangelium zu finden ist. In den Bittenden und Notleidenden will er selbst uns begegnen, und darum wird unser Umgang mit den Menschen zum Verhalten ihm gegenüber, in der Hingabe wie in der Verweigerung. Verstehen kann man das nur vom Geschehen der Menschwerdung her. Der Sohn Gottes ist wahrer Mensch geworden, und damit hat er sich, wie das Zweite Vatikanische Konzil lehrt, „gleichsam mit jedem Menschen verbunden” (Gaudium et spes 22). Er hat das Menschsein als ganzes geheiligt und zu einer unvergleichlichen Würde erhoben. Die tiefste Überzeugung der christlichen Anthropologie besteht darum in der Aussage, daß sich erst „im Geheimnis des fleischgewordenen Wortes das Geheimnis des Menschen wahrhaft aufklärt“ (ebd.). In seiner menschlichen Gestalt ist Christus an den niedrigsten Platz gegangen, den die Welt zu bieten hat: in die Erniedrigung des Sklavendienstes, in die Schmach des blutigen Verbrechertodes. Wenn seit dem Weihnachtstag feststeht, daß in jedem menschlichen Gesicht das Antlitz Christi aufscheint, so wissen wir seit dem Karfreitag, daß der Herr in ganz besonderer Weise zugegen ist in den Armen, Kranken und Notleidenden. Die Liebe zu ihnen, wie sie beim Letzten Gericht entscheidet, ist darum der letzte Ausweis für die Echtheit unseres Christusglaubens: Haben wir in unserem Leben anderen etwas von dem weitergegeben, was Christus für uns getan hat? War unser Bekenntnis zur menschgewordenen Liebe Gottes nur frommes Gerede, oder ist es konkrete, sichtbare Tat geworden? Wir dürfen gewiß sein: Nichts von dem Guten, das wir jemals einem Menschen geschenkt haben, wird beim Jüngsten Gericht vergessen sein. Die Jahre der Pflege für den kranken Vater ohne ein Wort des Dankes, die Besuche bei der Großmutter im Seniorenheim mit den immer gleichen Gesprächen, die treue Spende für die Armen der Welt auch in dem Jahr, als das eigene Geld knapper wurde – Gott wird sie nicht vergessen. Barmherzigkeit, Hilfsbereitschaft und freigebige Liebe sind die einzigen Währungen, die sich einzahlen lassen auf das Konto der Ewigkeit.

Noch etwas *Drittes* lesen wir im Evangelium vom Gericht – etwas, das für uns weit schwerer akzeptabel erscheint als die Wahrheit über den Richter Christus und das Kriterium seines Urteils. Am Ende wird die Menschheit in zwei Fraktionen geteilt sein. Die einen erhalten Anteil am Erbe des Gottesreiches, die anderen aber werden verurteilt zum „ewigen Feuer", zu einem Leben der Strafe, die im schmerzvollen Verlust Gottes besteht. Die Klarheit, mit der das Evangelium diese Alternative des „doppelten Ausgangs" der Weltgeschichte darstellt, ist zu unmißverständlich, als daß wir sie von anderen Stellen her leichtfertig weginterpretieren dürften. Sie ist mehr als der erhobene Zeigefinger eines ungeschickten Pädagogen, bei dessen Worten die Kinder im stillen genau wissen, daß er seine Drohungen niemals wahrmachen wird. Gewiß ist die Existenz der Hölle ein dunkles Geheimnis – so dunkel wie die Sünde, so unverstehbar wie die Reaktion von Menschen, die auf Gottes Liebe nur mit Gleichgültigkeit oder Haß zu antworten wissen. Die Ewigkeit der Hölle ist die Ewigkeit der Verhärtung eines Menschenherzens. Bei C. S. Lewis heißt es: „Am Ende gibt es nur zwei Arten von Menschen: die, die zu Gott sagen: ‚Dein Wille geschehe', und die, zu denen Gott am Ende sagt: ‚*dein* Wille geschehe'. Alle, die in der Hölle sind, erwählen sie" (Die große Scheidung, 1980, S. 78). Das Evangelium eröffnet uns nirgends, wer zu dieser Gruppe gehört und wie viele Menschen sie umfassen könnte. Die Kirche hat sich dazu niemals verbindlich geäußert, und darum haben auch wir uns nicht in Spekulationen darüber zu ergehen. Wir brauchen uns nicht dem allzu rigiden Heilspessimismus vieler christlicher Theologen der Vergangenheit anzuschließen, sondern dürfen mit den Worten des „Fatimagebets" Gott vertrauensvoll bitten: „Führe *alle* Seelen in den Himmel, besonders jene, die deiner Barmherzigkeit am meisten bedürfen". Dabei sollten wir aber ebenfalls skeptisch gegenüber dem grenzenlosen Heilsoptimismus bleiben, der in unserer Gegenwart verbreitet ist. Zu falscher Sicherheit bietet der christliche Glaube keinen Anlaß. Was das Evangelium einem jeden klar sagen möchte, ist: Sieh zu, daß du dich durch dein Leben nicht selbst ausschließt von Gottes Reich. Und wenn du auf einem falschen Weg bist, kehr um und ändere dich, solange du Zeit dazu hast.

Das Letzte Gericht Gottes wird keine böse Überraschung sein wie Kafkas „Prozeß". Wir kennen den Richter, wir sind uns bewußt, worauf es ihm ankommt, wir wissen, um wieviel es geht. Jeder Tag ist eine neue

Chance, Christus auf Erden zu erkennen und zu lieben in der Gestalt seiner menschlichen Schwestern und Brüder. Dann wird der Tag des Gerichts kein Tag des Schreckens werden, sondern ein frohes Wiedersehen mit ihm sowie mit allen, in denen er uns begegnet ist – und der erste Tag der seligen Ewigkeit.

ICH GLAUBE AN DEN HEILIGEN GEIST

Geist, der Verbindung schafft

„Kommunikation" lautet ein Lieblingswort unserer Zeit. Und das nicht ohne Grund: Nie zuvor konnten Menschen auf so unterschiedliche Weisen miteinander in Verbindung treten, nie zuvor konnten sie Informationen über große Entfernungen in kürzester Zeit versenden wie heute – Fernsehen, Telefon und Internet machen es möglich. Wir alle nutzen diese Kommunikationsmittel jeden Tag. Nur selten aber machen wir uns klar, was eigentlich die Verbindungen knüpft, auf die wir uns verlassen. Nur selten wird sich jemand mit der Technik der Computervernetzung auskennen, auf der das Internet beruht. Und erst recht werden die meisten von uns kaum im einzelnen über die elektromagnetischen Wellen Bescheid wissen, die zwischen unseren Handys unterwegs sind. Erst wenn der Browser nur noch Fehlermeldungen sendet und das mobile Telefon im Empfangsloch schweigt, merkt man, daß etwas fehlt – das Entscheidende, Unsichtbare: das, was die Verbindung schafft.

In unserem Glauben ist es ganz ähnlich. Auch hier geht es um Kommunikation. Religion ist Verbindung – Verbindung mit Gott und zugleich Verbindung zwischen

Menschen. Vielleicht leitet sich das Wort „Religion“ vom lateinischen „religare“ ab, das soviel wie „zurückbinden“, „festbinden“ heißt. Die Verbindung zu Gott nehmen wir Christen oft so selbstverständlich wie die eines Telefongesprächs. Wir beten und gehen davon aus, daß Gott uns hört. Wir sprechen Gott in der Messe an und sind sicher, daß die Worte des Priesters Brot und Wein in Leib und Blut Jesu Christi verwandeln. Wir nennen uns Gemeinde und wundern uns nicht mehr darüber, daß wir Viele in der einen Kirche Gottes zusammengehören. Was es ist, das uns verbindet – das wird uns oft auch hier erst fraglich, wenn im Verhältnis zu Gott oder den Mitchristen etwas nicht mehr funktioniert.

Einmal im Jahr, am Pfingstfest, erinnert uns Gott selbst daran, wie er mit uns in Verbindung tritt: Er tut es durch seinen Heiligen Geist. Der Heilige Geist ist das unsichtbare Band, das Gott mit seinen Menschen und die gläubigen Menschen untereinander zusammenschließt. Christus, der Herr, so wird es in den Tagen vor Pfingsten häufig in den Texten der Liturgie gesagt, verspricht diesen Geist seinen Jüngern, bevor er die Erde verläßt und als Auferstandener zum Vater im Himmel zurückkehrt. Wie er in seiner sichtbaren Gestalt für die Menschen die leibhaft-konkrete Gegenwart Gottes in der Welt war, wie Gott in seinen Worten und Taten selbst zur Welt gesprochen hat, so ist es nun der Geist, der dieses Werk fortsetzt. Er wirkt nichts völlig Neues, sondern führt weiter, was Christus begonnen hat. Er hält die Verbindung, die Jesus Christus geknüpft hat, aufrecht. Er läßt Christi Tun für die Menschen lebendige Wirklichkeit bleiben. Wir erfahren dies, wann immer wir die Sakramente empfangen. Die Sakramente machen das von Christus verdiente Heil in der Kraft des Geistes wirksam für die unterschiedlichen Situationen und Bedürfnisse unseres Lebens. Die Brücke zwischen Christus und uns ist der Heilige Geist, der die Grenzen von Raum und Zeit überwindet. In der Feier der Messe kommt es nicht darauf an, daß *wir* gegenwärtig machen wollen, was Christus am Gründonnerstag oder Karfreitag getan hat. Es ist Gott selbst als Heiliger Geist, der die Verbindung schafft. Er schüttet den Graben der Geschichte zu, der uns vom Pascha Christi trennt, und läßt seine Hingabe für die Sünden der Welt in unserer Mitte neue Wirklichkeit werden. Darum steht im Zentrum der Messe wie jeder sakramentalen Feier die Bitte um den Heiligen Geist, die Epiklese. Vor der Konsekration breitet der Priester beide Hände über die Gaben aus und spricht zu Gott: Sende deinen Geist herab, damit sie uns werden Leib und Blut deines Sohnes. Wie die Herabkunft des Geistes auf Maria die Menschwerdung des Sohnes möglich gemacht hat, so ist es der Geist, der die Gegenwart des Menschgewordenen immer neu sakramentale Wirklichkeit werden läßt in der Mitte der Kirche – nicht durch Wiederholung der Heilsgeheimnisse Christi, denn das wäre unmöglich und sinnlos, sondern durch ihre Vergegenwärtigung.

Doch nicht nur bei der Feier der Sakramente, auch in vielen weiteren Bereichen unseres religiösen Lebens ist es der Heilige Geist, der die Verbindung mit Gott ermöglicht. Durch die Gnade wirkt er in uns, längst bevor wir es merken. Sein Tun geht unserem Tun voraus. Jede Regung des Glaubens, der Hoffnung und der Liebe in unserem Herzen stammt im letzten von ihm. Er ist die Sehnsucht, die uns antreibt, das Heilige zu suchen und zu bewahren. Er ist der Atem, der uns erfüllt, wenn wir beten in Lobpreis, Dank und Bitte. Er ist die Sonne, die das Samenkorn des Glaubens in uns aufkeimen und stark werden läßt. Er ist der Wind, der das Schifflein unseres Lebens antreibt, damit es in den Hafen der Ewigkeit Gottes findet.

Doch der Heilige Geist verbindet nicht nur jeden glaubenden Menschen mit Gott, sondern auch die Menschen miteinander. Die Gemeinschaft der Kirche ist das Werk des Heiligen Geistes. Menschen, die sonst vermutlich nie etwas miteinander zu tun hätten, sammelt er um den einen Altar. Die vielen Sprachen und Stimmen verbindet er zum gemeinsamen Chor. Das Urbild der vom Heiligen Geist geeinten Kirche zeichnet uns die Pfingsterzählung (Apg 2). Als die Jünger mit Maria an einem Ort versammelt sind, kommt der Heilige Geist wie in Feuerzungen auf sie herab. Jeder einzelne empfängt ihn, und doch nur in der Gemeinschaft, in der einen Kirche Gottes, die im pfingstlichen Kreis der Jünger in Gemeinschaft mit Maria ihre Keimzelle hat. „Nicht Vereinzelung ist Gott wohlgefällig, sondern Einheit", schreibt darum der hl. Petrus Chrysologus im 5. Jahrhundert. So ist es bis heute! Jeder von uns wird der Erlösung nur teilhaftig, wenn er sich zugleich einbinden läßt in die Gemeinschaft der Glaubenden. In der Taufe wird uns im Heiligen Geist ganz persönlich die Verbindung zum Vater im Himmel, die Gotteskindschaft und die Befreiung von allen Sünden geschenkt. Aber untrennbar davon werden wir zugleich hineingenommen in die Gemeinschaft der Heiligen, werden wir gesandt in ein Leben für die Schwestern und Brüder in der Kirche Jesu Christi. Es ist darum eine ernste Verpflichtung für jeden Getauften, die Einheit der Kirche zu wahren und zu fördern, indem er das Ärgernis des Unfriedens, der Spaltung und des sektiererischen Eigensinns meidet. Wer glaubt, er könne Gemeinschaft mit Gott pflegen, aber auf die Gemeinschaft der Kirche verzichten, hat das verbindende Wirken des Heiligen Geistes nicht begriffen. Nicht zufällig steht im Credo das Bekenntnis zur Kirche in engster Verknüpfung mit dem Bekenntnis zum Heiligen Geist. „Vertikale" Kommunikation (mit Gott) und „horizontale" Kommunikation (mit den Menschen) sind für einen Christen untrennbar. Beide Weisen der Verbindung wirkt der Heilige Geist im Raum der Kirche, die dafür Sakrament ist: „Zeichen und Werkzeug für die innigste Vereinigung mit Gott wie für die Einheit der ganzen Menschheit" (Zweites Vatikanum, Lumen gentium 1).

Die Sprache des Ursprungs wiederfinden

In der mittelalterlichen Chronik des Franziskanermönches Salimbene von Parma ist eine merkwürdige Episode aus der Regierungszeit des Stauferkaisers Friedrich II. († 1250) aufgezeichnet. „Friedrich", so überliefert uns der Chronist, „wollte herausfinden, welche Sprache die Kinder hätten, wenn sie heranwachsen würden, ohne je mit irgendwem sprechen zu können. Daher befahl er den Ammen und Nährmüttern, die Kinder zu säugen, aber niemals mit ihnen zu reden. Er wollte nämlich sehen, ob sie die hebräische Sprache sprechen würden, von der es hieß, daß sie die erste war, oder die griechische oder die lateinische oder die arabische, oder ob sie die Sprache ihrer Eltern sprechen würden, von denen sie abstammten. Doch er bemühte sich vergebens, denn alle Kinder starben."

In diesem grausamen Experiment des Kaisers, das uns der zeitgenössische Geschichtsschreiber überliefert hat, spiegelt sich eines der großen Rätsel unserer menschlichen Existenz wider: das Geheimnis der Sprache und des Redens. Menschsein heißt sprechen, sich verständigen, kommunizieren zu können. Sprache ist das Band, das uns mit anderen Menschen in Kontakt bringt. Aber – und das ist ihr Rätsel – sie kann uns zugleich von anderen trennen. Die Sprache eines anderen Menschen kann mir fremd sein, weil ich sie nicht beherrsche. Aber selbst wenn ich die Bedeutung ihrer Worte begreife, bleibt es immer noch möglich, daß Mißverständnis, Verstellung und Lüge das Verstehen behindern. Man spricht miteinander und bleibt sich trotzdem fremd.

Für diese rätselhafte Gebrochenheit menschlichen Redens und Kommunizierens, für die Janusgesichtigkeit unserer Sprache hat die Urgeschichte der Bibel beeindrukkende Symbole der Erklärung gefunden. Das erste Kapitel der Genesis berichtet: Der Ursprung aller Schöpfung ist Gottes Wort. Gott spricht – und es geschieht. Gott kennt die Namen aller Dinge, und indem er sie anspricht, treten sie ins Dasein. Nachdem Gott Adam, den Menschen, geschaffen hat, spricht er mit ihm. Uns wird nicht mitgeteilt, welche Sprache er dazu benutzt – aber wir erfahren, daß Adam ihn versteht. Gott und Mensch leben in Einheit miteinander, weil ihre Kommunikation funktioniert. In dieser Verbindung mit Gott ist dem Menschen auch die Welt nicht fremd. Sie ist ihm Heimat und Paradies, in dem er selbst allen Dingen Namen geben kann. Gott, Mensch und Welt sprechen eine Sprache.

Doch bald treten die ersten Kommunikationsstörungen auf: Sündenfall und Sintflut – das Paradies geht verloren, die Natur wird zum Feind. Wenigstens die Menschen verstehen einander noch: „Alle Menschen hatten die gleiche Sprache und gebrauchten die gleichen Worte", heißt es zu Beginn des elften Kapitels der Genesis. Aber was Gott ihnen sagen will, hören sie schon lange nicht mehr. Statt dessen planen sie, einen Turm zu bauen, der bis zum Himmel ragt und ihren Ruhm unsterblich macht. Daß sie einander verstehen können, wollen sie zur Grundlage universaler Macht und Herrschaft werden lassen. Da spricht Gott: „Auf, steigen wir hinab, und verwirren wir dort ihre

Sprache, so daß keiner mehr die Sprache des anderen versteht (...) Darum nannte man die Stadt Babel (Wirrsal), denn dort hat der Herr die Sprache aller Welt verwirrt, und von dort aus hat er die Menschen über die ganze Erde zerstreut“ (Gen 11,7.9).

In dieser Diaspora der Verwirrung leben wir Menschen bis heute. Wenn Kaiser Friedrich die unverfälschte Sprache der Kinder ergründen wollte, dann steckt in seinem Experiment die Sehnsucht nach der Rückkehr ins Paradies, in das Land der einen gemeinsamen Sprache und des uneingeschränkten Sich-Verstehen-Könnens. Im tragischen Scheitern seines Versuches erkennen wir, daß uns dieser Weg versperrt ist. Die Tür ist geschlossen, und keine menschliche Gewalt vermag von sich aus, den Zustand des Schöpfungsmorgens zurückzuholen.

Der Traum aber lebt weiter, und bis heute träumen ihn die Menschen. Auch heute bemühen sie sich, die Grenzen der Sprache und der Zerstreuung zu überwinden, um auf Erden aus eigener Kraft das Paradies wiederherzustellen: Einheit zu schaffen, die zugleich Macht bedeutet. Mutet nicht manches von dem, was wir mit dem modernen Begriff der „Globalisierung“ beschreiben, wie ein solcher Versuch an – das Streben nach *einer* Welt mit *einer* Wirtschaft, mit denselben Banken, Computerfirmen und Fastfood-Restaurants? Mit *einer* Kultur, mit identischer Musik, gleicher Mode und mit *einer* Sprache, die man überall spricht, ob in Köln oder Kyoto? Mit einem idealen Menschentypus, auswählbar nach Katalog, im Reagenzglas konstruiert? Und wie viele träumen schließlich davon, auch im Glauben alle Grenzen zu überwinden, das Trennende abzuschaffen, damit am Ende die toleranzsichere Welteinheitsreligion steht, mit *einer* Ethik und ohne lästige Diskussionen über wahr oder falsch. Die Sprache des Paradieses aus eigener Kraft wiederzufinden und so die eigene Herrschaft ins Unermeßliche zu steigern, bleibt der große Traum des Menschen, auch in unserer Moderne. Er fasziniert und setzt kreative Kräfte frei. Aber wird er am Ende zu verwirklichen sein, ohne dem Menschen selbst Gewalt anzutun? Wird er besser ausgehen als der Menschenversuch des mittelalterlichen Kaisers?

Wie befreiend ist gegenüber allen menschlichen Träumen Gottes Botschaft am Pfingsttag! Auch hier geht es um ein neues Verstehen, das gewissermaßen Rückkehr ist zur Sprache des Paradieses. Über den Augenblick, da der Heilige Geist in Feuerzungen auf die betende Gemeinde in Jerusalem herabkommt und sie erfüllt, heißt es in der Apostelgeschichte: „Alle begannen, in fremden Sprachen zu reden, wie es der Geist ihnen eingab", und obwohl Menschen aus aller Herren Länder zugegen sind, versteht jeder die Worte „in seiner Muttersprache" (vgl. Apg 2,6 ff.).

Diese Pfingstgeschichte ist Gottes Weg zur Wiederherstellung der Sprache des Paradieses. Er sieht ganz anders aus als alle noch so ausgefeilten menschlichen Kalküle. Das pfingstliche Programm lautet: Erst muß die Verbindung des Menschen zu Gott erneuert sein, dann werden sich die Menschen auch untereinander wieder verstehen. Dazu manipuliert Gott die Menschen nicht, er macht sie nicht zu Objekten und Versuchskaninchen, sondern er verwandelt ihr Herz, indem er es mit seinem lebendigen Geist erfüllt. Das Pfingstwunder macht uns klar, wie Gottes Geist die Menschen zusammenführt und gegenseitiges Verstehen lehrt. Im gemeinsamen Gotteslob spielt es keine Rolle mehr, woher einer kommt und welche Sprache er spricht. Wo Gott gelobt wird, ist jedes Wort verständlich und vertraut, denn es ist der eine Geist, der alle beseelt. Nur darum konnte aus der kleinen Jerusalemer Urgemeinde die katholische, „allumfassende" Weltkirche werden, die Menschen aller Rassen und Kulturen mit Gott in Verbindung bringt und dadurch auch untereinander. Sie lehrt uns die eine Muttersprache des Glaubens überall auf dieser Erde. Nicht der Geist einer aufgezwungenen, uniformierten Weltkultur weist den Weg zurück in die verlorene Heimat des Menschen, sondern der Geist Jesu Christi, der die Herzen ergreift und die Stimmen vereint zum Lob des Allerhöchsten. Nicht der Geist der Menschenrechte, der Demokratie oder des Kapitalismus bringt uns von neuem die Sprache des Paradieses bei, sondern der Geist Gottes, der seine Kirche zusammenruft aus allen Völkern und Nationen.

Gott zu Gast

Wenn zwei Menschen den Entschluß fassen, gemeinsam in einer Wohnung zu leben, dann ist dies alles andere als eine Kleinigkeit. Sich eine Wohnung zu teilen, ist Zeichen höchsten gegenseitigen Vertrauens, tiefer Übereinstimmung und meistens sogar dauerhafter Zuneigung und Liebe. Zusammenwohnen kann ich nur mit jemandem, von dem ich sicher bin, daß er mir irgendwie ähnlich ist und daß seine Auffassung vom Leben der meinen entspricht. Das kann ein Verwandter sein, der Ehepartner oder zumindest ein sehr guter Freund, eine sehr gute Freundin. Wenn die „gemeinsame Wellenlänge" fehlt, sind Ärger und Auseinandersetzungen im Alltag vorprogrammiert. Dann wird die Wohngemeinschaft rasch ein Ende finden.

Im Ausgang von diesen menschlichen Erfahrungen verstehen wir, welch hoher Anspruch dahinter steckt, wenn die Heilige Schrift das Verhältnis zwischen Gott und dem erlösten Menschen im Bild des gemeinsamen Wohnens ausdrückt. Daß Gott den Menschen erlöst, bedeutet im christlichen Glauben viel mehr als den bloßen Nachlaß von Sünden oder den Verzicht Gottes darauf, dem schuldig gewordenen Menschen eine Strafe zuzuweisen. Die Erlösung, wie sie Jesus Christus verkündet und durch seinen Tod am Kreuz besiegelt hat, ist die Aufnahme des Menschen in die umfassende Lebensgemeinschaft mit Gott. Wer durch den Glauben und die Taufe in Verbindung mit Jesus Christus tritt, der wird ein Freund Gottes, sein Vertrauter, sein Kind und Hausgenosse. Gottes Gnade verwandelt unser Herz so, daß es dem Herzen Jesu ähnlich wird. Und sie macht es zur Wohnung des Heiligen Geistes.

Dieses Bild von der „Einwohnung" des Geistes in unseren Herzen will uns erklären, was es bedeutet, ein Christ zu sein. Gott ist uns in seinem Heiligen Geist so nah wie ein Mensch, mit dem wir täglich unter einem Dach zusammenleben. Das Bild geht sogar noch weiter: Der Heilige Geist wohnt nicht nur *mit* uns, er wohnt *in* uns, und das heißt: Wir selbst sind seine Wohnung. Wo wir sind, ist auch er. Wir sind der Tempel, in dem Gott auf unsichtbare Weise in dieser Welt gegenwärtig, im wahrsten Sinne des Wortes „zu Hause" sein will. Für einen Christen ist Gott nicht weit weg im Himmel, sondern er ist lebendige Gegenwart im eigenen Sein und Leben. Jeder Christ darf sagen: Gottes Geist ist die Quelle meiner Kraft, der Lehrer meines Verstandes, die Stimme meines Gebets. Gott, so sagt es der hl. Augustinus, ist „interior intimo meo", „mir innerlicher als mein Innerstes", denn sein Geist wohnt in der Tiefe meines Herzens. Er ist der „süße Gast der Seele", von dem der Pfingsthymnus „Veni Creator" singt.

Was diese Einwohnung des Heiligen Geistes in unseren Herzen bedeutet, erläutert Paulus im achten Kapitel des Römerbriefes. „Ihr seid nicht vom Fleisch, sondern vom Geist bestimmt, da ja der Geist Gottes in euch wohnt", sagt der Apostel zu den Gemeindemitgliedern in Rom (Röm 8,9). Paulus ermahnt die Römer, ein Leben zu führen, das ihrer christlichen Berufung entspricht. Aber er tut es nicht, indem er ihnen Gebote und Verhaltensregeln, irgendeinen langen Katalog von Moralvorschriften vorhält. Wie ein Christ handeln soll, ergibt sich nach Paulus vielmehr als Konsequenz seiner Beziehung zu Gott. Wenn wir schon im Zusammenleben mit einem anderen Menschen, der mit uns die Wohnung teilt, ganz selbstverständlich Rücksicht nehmen müssen und nichts tun werden, was diesen Freund oder geliebten Menschen beleidigt oder betrübt, so gilt Entsprechendes erst recht im Blick auf Gott, dessen Hausgenossen wir sein dürfen, weil sein Heiliger Geist in uns wohnt. Diesem großen Geschenk Gottes an uns, dieser Würde des Christseins sollen wir in unserem Leben und Tun gerecht werden, und diese Gabe sollen wir in allen anderen Getauften lebendig wissen und ehrfürchtig anerkennen. Was der Christ sich von Gott im Glauben gegeben weiß, das muß für ihn Maßstab seines Handelns sein. In diesem Sinne gilt für ihn der Satz: „Werde, der du bist!"

Genau das meint Paulus, wenn er sagt: Diejenigen, in denen der Heilige Geist wohnt, sollen sich auch vom Geist und nicht vom Fleisch, das heißt: von einem Entwurf des Menschseins ohne Gott, bestimmen lassen. Das Leben eines Christen muß der Versuch sein, sich selbst immer mehr nach dem Bild dessen gestalten zu lassen, der seit dem Tag der Taufe vom Haus seines Lebens mit allen Zimmern Besitz ergriffen hat. Es soll darin keinen Raum geben, den wir vor seiner Gegenwart zu verschließen suchen. Nur unter dieser Voraussetzung begreifen wir, warum die christliche Moral sich nicht auf das reine Denken oder die Vorgänge in unserer Seele beschränken läßt. Vielmehr will sie auch alles, was mit unserer konkreten Leiblichkeit zu tun hat, mit Gott in Verbindung bringen und von ihm durchdringen lassen. In jedem Augenblick, in jedem Vollzug unseres Lebens sind wir Tempel des Heiligen Geistes: wenn wir denken und wenn wir sprechen, wenn wir lachen und wenn wir traurig sind, wenn wir arbeiten und den Geschäften unseres Alltags nachgehen, wenn wir in eine Beziehung der Liebe zu einem anderen Menschen treten und auch dann, wenn diese Liebe leiblich konkret wird im Zusammensein von Mann und Frau. Wohnung des Heiligen Geistes sind wir in jedem Augenblick des Lebens, und zwar immer als ganzer, ungeteilter Menschen mit allem, was zu diesem Menschsein gehört. Dessen sollen wir uns bewußt sein, was auch immer wir tun. Wir brauchen dabei keine Angst zu haben, daß die Nähe Gottes uns einengt oder bedrängt. Um im Bild zu bleiben: Gottes Geist raubt uns keinen Freiraum, wenn er im Haus unseres Lebens zugegen ist. Vielmehr vertreibt der Heilige Geist alle bösen Geister, die versuchen, von uns Besitz zu ergreifen und uns zu ihren Sklaven zu machen. Der Geist öffnet die Fenster aller finsteren Kammern und erfüllt sie mit dem Licht und der Wärme Gottes. Wir würden uns selber schaden und den großen Gast beleidigen, wenn wir trotzdem versuchen wollten, irgendwelche düsteren Ecken unseres Lebens ängstlich vor ihm verschlossen zu halten.

Wenn wir ihn aber zur Wirkung kommen lassen, dann kann er unser Leben bis in seine letzte Faser ergreifen und verwandeln. Er wird es dem Leben Jesu Christi ähnlich machen, der Sünde und Tod überwunden hat und jetzt ganz und gar beim Vater lebt. Je mehr wir dem Heiligen Geist die Möglichkeit geben, uns zu seiner Wohnung umzugestalten, desto näher kommen wir unserem ewigen Zuhause, das niemand anderes ist als Gott selbst.

DIE HEILIGE KATHOLISCHE KIRCHE

Kirche aus der Eucharistie

Ecclesia de Eucharistia" – „Die Kirche lebt aus der Eucharistie": So beginnt die letzte Enzyklika, das letzte große Lehrschreiben von Papst Johannes Paul II., das er im Jahr 2003 verfaßt hat und das man zu Recht als sein theologisches Vermächtnis bezeichnen kann. „Eucharistie und Kirche" sind zwei zentrale Themen unseres Glaubens, die aufs engste miteinander verbunden sind. Ohne zu übertreiben, dürfen wir sagen: Wer begreifen will, was die Kirche ihrem katholischen Selbstverständnis nach ist, muß auf das Altarsakrament schauen. „Die Feier der Eucharistie", so sagt der Theologe Karl Rahner aus, „ist das intensivste Ereignis von Kirche" (Episkopat und Primat, 1961, S. 26). Hier erschließen sich uns ihr lebendiger Ursprung, ihre sichtbare Gegenwart und ihre zukünftige Vollendung.

Erstens: Im Blick auf die Eucharistie erkennen wir den *Ursprung*, in dem die Kirche gründet. Man hat oftmals im Neuen Testament nach demjenigen Wort oder derjenigen Tat Jesu gesucht, die man als Anfang, sozusagen als Geburtsstunde der Kirche ansehen könnte. Die moderne Bibelwissenschaft sagt uns, daß es nicht ein einziger

Moment war, in dem die Kirche Jesu Christi gegründet wurde. Vielmehr handelte es sich um einen Prozeß, angefangen von der Sammlung der ersten Jünger bis zur Aussendung am Pfingsttag. Auf diesem Weg wurde das Gottesvolk des Alten Bundes hinübergeführt in das endzeitliche Gottesvolk des Neuen Bundes, die Kirche. Und dennoch gibt es ein Ereignis, in dem der Ursprung der Kirche wie nirgendwo sonst sichtbar wird. Es ist jene dramatische Stunde, als Jesus im Angesicht seines nahenden Todes die Zwölf um sich scharte und sich ihnen selbst zur Speise gab unter den Gestalten von Brot und Wein. Bei der Einsetzung der Eucharistie im Abendmahlssaal stehen wir mehr als irgendwo sonst an der Wurzel, am Ursprung der Kirche. Als der Herr den Seinen auftrug: „Tut dies zu meinem Gedächtnis", da wies er sie nicht nur an, in Zukunft immer neu das Gedächtnis seines Leidens und Sterbens zu feiern beim Brechen des Brotes, sondern er knüpfte zugleich das Band, das fortan alle vereinen sollte, die als Glieder der Kirche seinen Namen tragen. Die Kirche – das ist nichts anderes als die Gemeinschaft der von Christus selbst Berufenen und Auserwählten, die real wird in der Feier der Eucharistie. Wann immer wir Eucharistie feiern, tun wir nichts anderes als die Apostel mit Christus im Abendmahlssaal getan haben: Wir versammeln uns im Schatten des Kreuzes, wir finden zusammen im Geheimnis des Opfers, das der Herr für das Heil der Welt darbringt, wir erhalten Anteil an seinem gebrochenen Leib und an seinem vergossenen Blut. So sind wir Glieder seiner Kirche, die sich mit Recht „apostolisch" nennen darf. Denn in jeder Eucharistiefeier begegnen wir dem lebendigen Ursprung, in dem die Kirche gründet. Wie sich das Volk des Alten Bundes seines Ursprungs stets neu bewußt wurde im Paschamahl, in der Feier der Befreiung aus der Knechtschaft Ägyptens, so wird sich Volk des Neuen Bundes seines Ursprungs gewiß in der Feier des eucharistischen Paschamahles, in der Erinnerung an die endgültige Befreiung aus Sünde und Tod, die Gott geschenkt hat durch den Ostersieg Jesu Christi. Doch diese Erinnerung, dieses Gedenken, das sich Tag für Tag auf unseren Altären vollzieht, ist von ganz eigener Art. Es ist etwas Neues, das alles Vorherige überbietet. Die heilige Messe ist unendlich mehr als die Gründungserinnerungsfeier, der Jubiläumstag oder das Stiftungsfest irgendeines menschlichen Vereins; sie ist sogar mehr als die jährliche Paschafeier Israels. Denn die Feier der Eucharistie ist nicht allein menschliche Erinnerung, nicht bloß ein Blick in die Geschichte, ein dankbarer Rückbezug auf irgendein wichtiges Ereignis von gestern. Auf dem Altar der Eucharistie geschieht etwas ganz und gar Einmaliges und Unvergleichliches: Der Ursprung der Kirche in der Vergangenheit wird hier und heute lebendige Gegenwart in unserer Mitte. Wenn im Zentrum der Messe der Priester über Brot und Wein die Worte Jesu Christi spricht: „Das ist mein Leib – das ist mein Blut“, dann zerreißt im gleichen Augenblick der Vorhang der Jahrhunderte, die uns von Christus trennen. Dann wird er selbst gegenwärtig, wahrhaft und wesenhaft, als Gott und Mensch, mit Seele und Leib. Dann stehen wir Auge in Auge mit dem Herrn am Kreuz, der sterbend die Welt zurückführt zu Gott und alle Menschen an sich ziehen will. „Mittendrin statt nur dabei“, könnte das Motto hier wirklich einmal lauten – mittendrin im Ursprung der Kirche. „Die Kirche lebt. Die Kirche ist jung“, hat Papst Benedikt XVI. in einer der ersten Ansprachen nach seiner Wahl den Menschen zugerufen. Und das ist wahr: Die Kirche ist ewig jung, weil ihr Ursprung nicht bloß fern in der Vergangenheit liegt, sondern weil er zu allen Zeiten gleich nah und gegenwärtig bleibt. Denn in der Feier der Eucharistie geht er mit ihr den Weg durch die Geschichte. In diesem Sakrament trinken wir, wie der hl. Paulus im Ersten Korintherbrief sagt (vgl. 1 Kor 10,4), aus dem „lebendigen Felsen", der mit uns zieht. Dieser Felsen ist Christus. Auf ihm und aus ihm wird die Kirche als Haus aus lebendigen Steinen neu erbaut, wo immer die heilige Messe gefeiert wird – „Kirche aus der Eucharistie".

Damit sind wir bei der *zweiten* Einsicht angekommen, die lautet: Im Blick auf die Eucharistie erkennen wir, was die *Gegenwart* der Kirche ausmacht. Wenn es stimmt, daß in der Eucharistie der Ursprung der Kirche präsent ist, dann heißt das zugleich: Lebendige Kirche ist immer nur dort anzutreffen, wo die Eucharistie gefeiert wird. Dies gilt auf ganz unterschiedlichen Ebenen. Die Gemeinschaft in der Eucharistie verbindet jeden einzelnen mit allen übrigen Christen, die Ortskirchen mit der Gesamtkirche, die Kirche von heute mit der Kirche aller Jahrhunderte. Kirchliche Gemeinschaft ist real nur als eucharistische Gemeinschaft, als „Netz der Kommunionen", das die Vielheit zur Einheit, das Einzeln-Konkrete mit dem „katholischen", allumfassenden Ganzen verbindet. So klar diese Aussage eigentlich sein sollte, so zweifelhaft scheint sie zu werden, wenn wir auf die Realität unserer Tage blicken. Die Zugehörigkeit zur Kirche ist leider auch für viele Katholiken keineswegs mehr selbstverständlich mit der regelmäßigen Teilnahme an der Eucharistiefeier verbunden. Bei einem Kondolenzgespräch sagte mir einmal der Sohn der Verstorbenen: „Meine

Mutter war passives Mitglied in Ihrer Kirchengemeinde". Diese Formulierung bringt das Selbstverständnis vieler Christen von heute treffend auf den Punkt. Man fühlt sich als „passives Mitglied" der Kirche, wie man vielleicht auch passives Mitglied in einer politischen Partei oder im Schützenverein ist. Man zahlt einen Jahresbeitrag, Kirchensteuer genannt, schaut gelegentlich in den Pfarrbrief, wenn er im Briefkasten auftaucht, und nimmt vielleicht an der Jahreshauptversammlung teil, die beim „Verein Kirche" in trautem Ambiente regelmäßig am 24. Dezember abgehalten wird und den Namen Christmette trägt. Und das war es fast schon. Glauben wir den neuesten Kirchenbesucherzählungen, so liegt mittlerweile der Anteil dieser „passiven Mitglieder" in den meisten Bistümern bei weit über 80 Prozent. Es mag regionale Unterschiede geben, aber die Tendenz ist überall gleich und das langfristige Resultat ebenso. Viele von denjenigen Katholiken, die den Bezug zur regelmäßigen Eucharistiefeier verloren haben, werden sich früher oder später die Frage stellen, ob sie sich das Geld für diesen Club, dessen Dienste sie so selten in Anspruch nehmen, nicht besser ganz sparen sollten. Mit dem Abnehmen der Meßbesucher nehmen die Kirchenaustritte zu, und es gibt keinen Anlaß, sich darüber zu wundern. Wie es wirklich um die Lebendigkeit unserer Kirche bestellt ist, merken viele Katholiken erst jetzt, da das Geld knapp wird und Bistümer darüber nachdenken müssen, nicht nur Personal abzubauen, sondern auch Kirchenbauten in größerem Umfang zu verkaufen. Hier wird der Zusammenhang zwischen leibhaftiger Präsenz der Kirche und konkreter Eucharistiefeier geradezu mit Händen greifbar. Wo die lebendige Kirche der Menschen fehlt, denen es ein Bedürfnis ist, die heilige Messe zu besuchen, da werden auch die Kirchen aus Stein überflüssig. Wo in den Herzen der Menschen an die Stelle des Glaubens Unterhaltung und Konsum getreten sind und wo man sonntags den Gang auf den Sportplatz oder Trödelmarkt dem Besuch des Gottesdienstes vorzieht, da werden auch früher oder später in die Kirchenbauten Discos oder Supermärkte einziehen, wenn nicht zuvor der Bagger kommt. Niemand von uns weiß, wie viele unserer heute bestehenden Gotteshäuser in 30 oder 50 Jahren noch existieren werden, wenn die Entwicklung so weitergeht wie bisher. Wir werden vermutlich von vielem Abschied nehmen müssen, was lange Zeit zur vertrauten Realität unseres kirchlichen Alltags gehört hat. Aber eines ist ganz sicher: Lebendige Kirche wird immer dort sein, wo Christen die heilige Messe feiern, an welchen Orten auch immer dies geschieht. Denn da ist der Herr in unserer Mitte, und auf ihn allein kommt es an. Wo die Messe ist, da ist das Zentrum einer Gemeinde, und nicht an diesem oder jenem geographischen Ort. Diese eucharistische Mitte müssen wir bewahren und wiederentdecken, um sie herum muß sich die Kirche erneuern, müssen zukunftsfähige Strukturen gebaut werden. Wenn wir damit ernst machen, dann brauchen wir auch im Zeitalter der kleiner werdenden Zahlen vor der Zukunft keine Angst zu haben.

Wenn uns die Eucharistie schon den irdischen Weg zeigt, den die Kirche von heute einschlagen muß, so zeigt sie erst recht den Weg, der ihr zum ewigen Ziel gewiesen ist. Darum dürfen wir *drittens* sagen: Im Blick auf die Eucharistie erkennen wir die *Zukunft*, der die Kirche entgegengeht. Im Abendmahlssaal hat der Herr den Jüngern gesagt: „Ich werde dieses Pascha nicht mehr essen, bis das

Mahl seine Erfüllung findet in Gottes Reich" (Lk 22,16). Jede heilige Messe ist darum für die Kirche nicht bloß Verbindung zum Ursprung und Quelle lebendiger Gegenwart, sondern immer auch Blick nach vorn, Verheißung der Vollendung. In der Eucharistie, so formuliert es Thomas von Aquin, wird uns „ein Unterpfand der zukünftigen Herrlichkeit geschenkt". Was wir am Altar feiern und was wir im Sakrament empfangen, ist stets Vorausschau auf das, was einmal kommen wird, ist Angeld der Ewigkeit. Hier empfängt die Kirche immer neu jene Heiligkeit, die zu ihrem Wesen gehört und im Himmel vollendet werden soll. „Diese zeitliche Speise werde uns zur Arznei der Unsterblichkeit", betet der Priester bei jedem Kommunionempfang, und alle Christen, die mit ihm feiern, dürfen diese Worte genauso sprechen. Die Kirche in der Erdenzeit ist noch auf dem Weg. Als heilige Kirche bleibt sie zugleich Kirche der Sünder. Sie ist, wie das II. Vatikanische Konzil so nachdrücklich in Erinnerung gerufen hat, das pilgernde Gottesvolk, das sein letztes Ziel noch nicht erreicht hat. Der Weg dorthin ist lang, er ist mit Zweifel und Müdigkeit und oft auch mit Gefährdung und Versagen verbunden – für jeden einzelnen Christen wie für die Gemeinschaft der Kirche als ganze. Der Herr hat uns das Sakrament der Eucharistie geschenkt, damit wir auf diesem Weg immer neu Kraft schöpfen und nicht mutlos werden. Jede Feier der Eucharistie ist darum für die Kirche wie eine stärkende Rast auf einer anstrengenden Bergwanderung. Christus selbst gibt uns Speise und Trank, er zeigt uns von neuem den Gipfel, das alles übersteigende Ziel, zu dem wir unterwegs sind, und er gibt uns die Kraft dafür, miteinander dort anzukommen. Wenn wir die heilige

Kommunion empfangen, werden wir jetzt schon eins mit ihm, werden wir hineingezogen in seine verborgene Gegenwart, die wir mit den Augen des Glaubens erkennen. Das ist ein Vorgeschmack des Himmels, wo er sich uns unverhüllt zeigen wird, wie er ist, in der nicht mehr endenden Kommunion des himmlischen Ostermahles. Und: Wenn wir die heilige Kommunion empfangen, werden wir auch schon eins untereinander. Mancher, der in den letzten Jahren an einem der großen Gottesdienste anläßlich der Weltjugendtage teilgenommen hat, durfte hautnah erfahren, warum die Eucharistie „Sakrament der Einheit“ auch deswegen genannt wird, weil sie Menschen, die sich vorher nie gesehen haben, verbindet zu einer Gemeinschaft des Lobens und der Freude an Gott. Unter den Hunderttausenden, die sich bei solchen Feiern zusammenfinden, mag man eine Ahnung davon bekommen, was der hl. Augustinus meinte, als er über die Eucharistie sagte: „Werdet, was ihr empfangt: Leib Christi.“ Auch diese Gemeinschaft wird erst im Himmel ihre Vollendung finden. Denn unsere Verbundenheit in Christus ist jetzt noch nicht von Dauer. Wenn die Messe vorbei ist, verlassen wir die Kirche und gehen einzeln in unseren Alltag zurück. Und leider werden wir dann dem, was wir gemeinsam begangen haben, oft nicht mehr gerecht. An die Stelle von Eintracht und Frieden treten wieder Streit und Entzweiung. In der triumphierenden Kirche des Himmels wird das anders sein. Durch die Einheit mit Gott wird dann auch unsere Einheit untereinander zur Vollendung finden. Dort gibt es keine Feinde mehr, keine Fremden und keine Einsamen. Dort wird die Kirche in jeder Hinsicht das sein, was sie schon jetzt von sich im Glaubensbekenntnis aussagt: Gemeinschaft *der* Heiligen aus der Gemeinschaft *am* Heiligen, aus der Vereinigung mit dem heiligen Gott.

„Ecclesia de Eucharistia“ – die Kirche lebt aus der Eucharistie. Denn ihr Ursprung, ihre Gegenwart und ihre Zukunft werden sichtbar in der Feier dieses Sakraments. Hier offenbart sich ihr innerstes Geheimnis, das Geheimnis der Verbindung von Himmel und Erde, von Mensch und Gott.

GEMEINSCHAFT DER HEILIGEN

Niemals ein Heiliger?

You'll never make a saint of me" – „Aus mir wirst du nie einen Heiligen machen": Das ist der Titel eines Songs, mit dem die Altrocker der Rolling Stones vor einigen Jahren noch einmal einen beachtlichen Hit landen konnten, der bis heute im Radio gespielt wird. Der Text des Liedes bietet für eine Rockband fast schon überraschende theologische Inhalte. Von Paulus ist da die Rede, der durch ein wunderbares Licht vom Himmel aus einem grausamen Verfolger der Christen zum begeisterten Apostel wurde; von Augustinus, der ein Leben mit Wein, Weib und Gesang gegen die enthaltsame Existenz des Bischofs und Theologen eintauschte; und von Johannes dem Täufer, der den Haß des Herodes weckte und darum einen blutigen Märtyrertod sterben mußte. Der Song macht sich über all das nicht lustig – er erzählt davon eher mit Bewunderung, vielleicht sogar mit ein bißchen Wehmut. Denn das Fazit des Sängers lautet am Ende: Mag sein, daß es so etwas gibt – radikale Lebenswenden, furchtlose Hingabe des Lebens für Jesus –, aber für mich ist so etwas völlig unvorstellbar. Ich werde wohl immer der bleiben, der ich jetzt bin: ein Sünder in den alten Geleisen. So ist der Refrain an die Adresse Gottes gerichtet: „You'll never make a saint of me" – „Aus mir wirst du nie einen Heiligen machen."

Ich bin sicher: Zumindest im stillen sind sich auch viele Christen mit den Rolling Stones einig. Zu heroischen Leistungen, so müssen wir zugeben, fühlen auch wir uns kaum in der Lage. Die meisten von uns werden nie eine dramatische Bekehrung erfahren haben. Und statt große Veränderungen im eigenen Leben zustande zu bringen, bekommen wir oft schon unsere kleinen, lästigen Gewohnheitsfehler nicht in den Griff. Wenn wir von „Heiligen" sprechen, scheint es nicht um uns, sondern um die „ganz anderen" zu gehen – um die Lichtgestalten des Himmels, die von uns normalen, unheiligen Menschen unendlich weit entfernt sind.

Wenn wir bei dieser Ansicht zum Thema „Heiligkeit" stehenblieben, würden wir dem Anspruch unseres Glaubens nicht gerecht. Denn sooft wir die „Gemeinschaft der Heiligen" im Credo als zentrale Wahrheit unseres Glaubens bekennen, sind wir aufgerufen, unsere allzu resignative Haltung zum Thema „Heiligkeit" in Frage zu stellen und einer Korrektur zu unterziehen. Drei Aussagen sind dabei zentral.

Erstens: Heiligkeit ist keine Besonderheit einzelner, sondern die Berufung aller Christen. Es stimmt – lange Zeit war in der Kirche das Wort „Heiligkeit" nur für die offiziell kanonisierten Heiligen und vielleicht noch für einige besonders vollkommene und vorbildliche Christen, Geistliche oder Ordensleute, reserviert. Das Zweite Vatikanische Konzil hat hier eine wichtige Wende eingeläutet. Bewußt greift es nämlich auf den Begriff von Heiligkeit zurück, wie ihn das Neue Testament gebraucht. Mit ihm ergibt sich eine ganz neue Sichtweise: „In der Kirche sind alle (…) zur Heiligkeit berufen, gemäß dem Apostelwort: ‚Das ist der Wille Gottes, eure Heiligung' (1 Thess 4,3)" (Lumen gentium 39). Heiligkeit in dieser Perspektive ist nichts Unerreichbares und Fremdes, sondern eigentlich nur ein anderer Name für unsere gemeinsame christliche Berufung. Deswegen pflegt Paulus in seinen Briefen die ganze Gemeinde, an die er sich wendet, als „Heilige" zu bezeichnen. Denn alle gehören gleichermaßen zum „heiligen Volk", das Gott sich berufen hat, zu seiner „auserwählten Priesterschaft" (vgl. 1 Petr 2,9).

Dies führt uns zu einer *zweiten* Feststellung. Das Wesen der Heiligkeit ist nicht irgendeine wunderbare, außergewöhnliche Fähigkeit, sondern Frucht der heiligmachenden Gnade, die jedem Christen gleichermaßen in der Taufe geschenkt wird. Das größte Geschenk, das Gott einem Menschen machen kann, erhält jeder, der das Sakrament der Taufe empfängt: Gott erfüllt ihn mit seinem Heiligen Geist. Er befreit den Menschen von Sünden, läßt die göttlichen Tugenden von Glaube, Hoffnung und Liebe heranwachsen, macht uns zu seinen Kindern und darum zu Erben des Himmelreiches. Das ist der Keim der Heiligkeit in einem jeden von uns. Wir sind Gott ähnlich gemacht worden, tragen sein Siegel in unserer Seele und haben Anteil an seinem Wesen erhalten. Wer dieses Geschenk annimmt und Sorge dafür trägt, daß er es nicht durch eigene Schuld verliert, ist auf dem besten Weg zum Heilig-Werden. Natürlich gibt es unter den vielen Christen einige, die von Gott über die heiligmachende Gnade hinaus besondere Gnadengaben und Fähigkeiten geschenkt bekommen – als begeisternde Prediger und Lehrer, als Propheten und Mystiker, als Therapeuten und Wundertäter. Aber all diese „Charismen", deren Liste sich leicht verlängern ließe, machen nicht das Wesen der Heiligkeit aus. Sie sind vielmehr spezielle Gaben, die man von Gott für die anderen erhält, und darum haben Christen, denen sie verliehen wurden, in der Kirche oft zu Recht eine besondere Faszination und Strahlkraft ausgeübt. Manche von ihnen werden als offizielle Heilige, als für die ganze Kirche normative Vorbilder des Glaubens verehrt. Aber selbst die größte Wunderkraft ist unbedeutend gegenüber der Gnade des Glaubens, und die Vollmacht, Tote zu erwecken, zählt nichts gegenüber einem einzigen Akt der übernatürlichen Liebe zu Gott. Denn allein Glaube, Hoffnung und Liebe sind wirklich notwendig, um Christ zu sein, und an ihrem lebendigen Vollzug bemißt sich die Heiligkeit eines christlichen Lebens, egal wie alltäglich-verborgen sich diese konkreten Gestalten der Gnade entfalten mögen. Ihre geringste Regung zählt vor Gott mehr als alles Aufsehenerregende und Sensationelle.

Daraus folgt schließlich ein *Drittes.* Heiligkeit ist in erster Linie Geschenk Gottes, nicht eine intellektuelle oder sittliche Leistung des Menschen. Wenn es stimmt, was wir bisher gesagt haben – daß die Heiligkeit eines Christen nur ein anderer Name für seine Erwählung ist und daß ihr Kern in der heiligmachenden Gnade besteht –, dann folgt selbstverständlich, daß es hier vor allem um ein Geschenk Gottes geht und nicht um menschliches Verdienst. „Du allein bist der Heilige", singen wir im Gloria der Messe. Heiligkeit ist im strengen Sinn Wesenseigenschaft Gottes allein. Darum kann nur er selbst einem Geschöpf Anteil an ihr geben. Er muß uns mit Heiligkeit beschenken, damit wir heilig werden können. Für Geschenke kann man sich bedanken, wenn man sie empfangen hat, und man kann versuchen, das Geschenk wertzuschätzen und unzerstört zu bewahren. Aber damit bleibt doch die Gabe am Anfang unersetzbar, die wir uns nicht selbst zu verschaffen vermögen. Genauso ist es mit der Heiligkeit. Was immer in uns heilig ist, ist Gottes Geschenk – wir selbst können nur voll Dankbarkeit dafür sorgen, daß dieses Geschenk immer mehr in unser Leben eindringt, indem wir Widerstände abbauen und uns für Gottes Wirken öffnen. Sicher ist diese Gabe Gottes darum eine Herausforderung an uns, die unsere Kräfte in Anspruch nimmt. Aber ein Heiliger ist dennoch nicht derjenige, der aus eigener Anstrengung tugendhaft und gut geworden ist, sondern der, der sein Leben Gott übereignet hat im Bewußtsein eigener Unvollkommenheit und Fehlerhaftigkeit. Wirklich selbständig und autonom sind wir eigentlich nur in der Sünde. Alles andere ist zuerst Gottes Werk.

„Aus mir wirst du nie einen Heiligen machen" – dieser Satz, der auf den ersten Blick so realistisch und bescheiden klingt, ist eigentlich eine Beleidigung Gottes. Denn wenn es stimmt, daß Gott uns alle in seinem Sohn zur Heiligkeit berufen und mit der heiligmachenden Gabe seines Geistes beschenkt hat, dann will er auch vollenden, was er begonnen hat. Vermutlich wird er es in unserem Leben anders machen als bei Paulus, Augustinus oder Johannes dem Täufer. Vermutlich stiller und unspektakulärer. Es gibt so viele Wege zu Gott, wie es Menschen gibt, hat Papst Benedikt XVI. einmal gesagt. Aber daß auch unser Leben ein Weg zur Heiligkeit sein soll und daß unser Name im Buch aller Heiligen für immer seinen Platz finden kann, gehört ins Zentrum unseres christlichen Glaubensbekenntnisses.

VERGEBUNG DER SÜNDEN

Im Spiegel der Liebe Gottes

Die Worte „Schuld“ und „Vergebung“ zählen für jeden Christen zum ererbten Grundvokabular. Mit Taufe, Beichte und Krankenölung gibt es gleich drei Sakramente, in denen es wesentlich um die Bewältigung von Schuld und ihren Konsequenzen geht. Schuldbekenntnis und Vergebungsbitte haben ihren festen Platz im Ritus der Meßfeier, und viele weitere Gebete der Liturgie wiederholen wie einen Kehrreim die Bitte um Gottes gnädiges Erbarmen. All dies hat in der Religionswissenschaft dazu geführt, vom Christentum als einer „Erlösungsreligion“ zu sprechen: einer Religion, in der die „Erlösung von den Sünden“ ganz im Mittelpunkt steht. In unserer Zeit ist diese selbstverständliche Qualifizierung fragwürdig geworden. Man muß sich gar nicht das harte Wort vom „kollektiven Unschuldswahn“ zu eigen machen, um festzustellen, daß die meisten Menschen (und auch die meisten Christen) heute die Befreiung von ihren Sünden kaum mehr zu den entscheidenden Themen ihres Lebens zählen. Die Frage: „Wie finde ich einen gnädigen Gott?“, die einst Martin Luther quälte, bereitet unseren Zeitgenossen nur selten schlaflose Nächte. Die Beichtstühle unserer Kirchen stehen nicht deswegen leer, weil man schlechte Beichterfahrungen der Vergangenheit nicht verwunden hat oder weil man theoretisch an der priesterlichen Vollmacht zur Lossprechung zweifelt. Die Beichte wird viel eher deshalb gemieden – oft noch auf dem Sterbebett –, weil man es schlichtweg als überflüssig erachtet, für irgendein Vergehen vor Gott um Vergebung bitten zu müssen.

Menschen sehnen sich auch heute noch nach Gott als einer überirdischen Macht, die sie vor dem Verhängnis des Todes retten kann. Als Befreier von Sünde und Schuld dagegen ist er nur noch selten gefragt. Religion scheint in der späten Moderne mehr zur Bewältigung der eigenen Endlichkeit als zur Schuldbewältigung benötigt zu werden. Wenn sich Menschen unserer Tage als schuldig empfinden, suchen sie Vergebung vor allem auf zwischenmenschlicher Ebene. Das Bewußtsein, darüber hinaus vor Gott durch eigene Taten schuldig zu werden oder es gar, wie die christliche Erbsündenlehre behauptet, im Kollektiv der Adamskinder ohne eigenes Zutun von Geburt an zu sein, ist weitgehend verlorengegangen. „Ich bereue nichts" – dieser bekannte Chanson-Titel charakterisiert das Selbstverständnis des modernen Individuums im Verhältnis zu Gott auch angesichts offensichtlicher eigener Schuld besser als das „mea culpa" christlichen Betens. Letztlich spiegelt sich darin der Verlust des Gottesglaubens auf breiter Front. Das fehlende Schuldbewußtsein vor Gott ist Kennzeichen des einsamen endlichen Freiheitswesens, das in einen leeren Himmel schaut. Jean-Paul Sartre hat ihm in seinem Drama „Die Fliegen" ein nachdrückliches literarisches Denkmal gesetzt.

Die Theologie steht mit dieser Bestandsaufnahme vor einer schwierigen Situation. Einerseits möchte sie sich gerade in puncto Schuld nicht dem alten Vorwurf der Religionskritik aussetzen, sie rede den Menschen erst jene Probleme ein, für die sie dann selbst die Lösung anbieten kann. Kein Pfarrer will gerne in den Verdacht geraten, die Schuldgefühle seiner Anbefohlenen zu verstärken, um dadurch seinen Beichtstuhl zu füllen. Andererseits genügt ein flüchtiger Blick in die Heilige Schrift, um festzustellen, daß die Lehre von der universalen Sündigkeit und Erlösungsbedürftigkeit des Menschen zu den unbezweifelbaren Kernüberzeugungen der biblischen Tradition gehört, an denen die Wahrheit unseres Glaubens hängt. „Wenn wir sagen, daß wir keine Sünde haben", mahnt der Erste Johannesbrief stellvertretend für zahllose andere biblische Schriften, „führen wir uns selbst in die Irre, und die Wahrheit ist nicht in uns" (1 Joh 1,8).

In dieser Situation gibt es nur einen gangbaren Weg. Es hilft wenig, Menschen bloß von außen einbleuen zu wollen, daß sie Sünder sind – derartige Botschaften prallen am Selbstbewußtsein des modernen Menschen meist wirkungslos ab. Wer heute von Sünde spricht, muß von innen her verstehbar machen, warum der Glaube dies so vehement behauptet und was damit gemeint ist. Sünde deutet immer auf etwas Negatives hin: auf etwas, das dem Menschen im Verhältnis zu Gott fehlt. Als Sünder vor Gott kann sich ehrlich nur begreifen, wer ein positives Verhältnis zu diesem Gott zurückgewinnt, wer ihn als Realität anerkennt. Er muß zuinnerst einsehen, daß er in einem maßgeblichen Punkt zurückbleibt hinter dem, was er diesem Gott gegenüber eigentlich zu sein und zu tun hätte. Was wir aber zu sein und tun haben vor Gott, das begreifen wir erst dann, wenn wir begreifen, wer *Er* ist und wie *Er* handelt. Vom Negativen der Sünde kann nur sprechen, wer zuvor die positive Botschaft vernommen hat, was das

Wesen Gottes ausmacht und wie er sich zu uns Menschen verhält. Wer Menschen heute zum Bekenntnis ihrer Sünden führen will, muß sie lange zuvor mitgenommen haben auf den Weg der Begegnung mit Gott.

Die Frage nach dem Wesen und Handeln Gottes beantwortet das Neue Testament mit einem einfachen, alles andere zusammenfassenden Spitzensatz: „Gott ist die Liebe" (1 Joh 4,16). Als vorbehaltlose Liebe, so lautet die Grundüberzeugung des christlichen Glaubens, ist Gott selbst in unsere Welt gekommen: als Liebe, die uns zur Liebe ruft. Unser Leben ist in jedem Augenblick Geschenk der unverdienten, freien, vergebenden Liebe Gottes. Wir sind, weil er es will, und wir sollen mehr sein, als wir kraft unserer Geschöpflichkeit sein dürften, weil er auch das noch will kraft seiner sich verschenkenden Güte. Mit dieser Einsicht über Gott wird die Liebe in allen Dimensionen des Menschseins zur entscheidenden Richtschnur unseres Handelns und zum untrüglichen Maßstab unserer Selbstbeurteilung. „Die Liebe", so schreibt Papst Benedikt XVI. zu Beginn seiner Enzyklika „Deus caritas est" (n. 1), ist „dadurch, daß Gott uns zuerst geliebt hat (vgl. 1 Joh 4,10), nicht mehr nur ein ‚Gebot', sondern Antwort auf das Geschenk des Geliebtseins, mit dem Gott uns entgegengeht." Wer den liebenden Gott erkennt und im Glauben bekennt, wird jede Lieblosigkeit seines eigenen Lebens, mag sie unmittelbar gegen Gott, gegen einen Nächsten oder gegen die eigene Person gerichtet sein, als etwas einschätzen, das nicht sein soll. Mit der Lieblosigkeit widerspricht der Mensch seinem eigenen göttlichen Daseinsgrund und schneidet er sich von der Wurzel ab, die ihn in Wahrheit trägt. Was „nicht sein soll" aber ist das, was wir „das Böse" oder „Schuld" nennen. Ob der moderne Mensch sich noch als Sünder verstehen kann, hängt ganz und gar von seinem Begriff von Gott und seiner Beziehung zu ihm ab. Erst im Spiegel Gottes, im Spiegel seiner unbedingten Liebe, erkennen wir, wer wir selbst sind: von Sünde gezeichnete Menschen, weil wir es oft versäumen, uns selbst ganz vom Blick auf ihn zu definieren. So real für einen Menschen die Liebe Gottes geworden ist, so real wird ihm auch die eigene Sünde sein. Und so real wird ihm die Vergebung, die dieser Gott allein zu schenken vermag.

Wenn wir die Wirklichkeit der Sünde zu verstehen suchen im Ausgang von der Wirklichkeit Gottes, dann entsprechen wir zutiefst dem, was Jesus Christus getan hat. Auch er hat die Menschen zur Einsicht in ihre eigene Erlösungsbedürftigkeit geführt, indem er sie zuvor mit dem Erlösungsangebot, mit der Liebe Gottes konfrontiert hat. Er hat Gottes Vergebung zugesprochen, bevor Menschen von sich aus etwas dazu beigetragen hätten – doch als Konsequenz der Vergebung hat er ihnen aufgetragen, umzudenken und ihr Leben zu verändern. Die Liebe Gottes als allem menschlichen Tun vorangehendes Geschenk zu verkündigen, das dennoch alles menschliche Tun verändern und heilen will, bestimmte die Sendung Jesu Christi bis in seine letzte Stunde. Noch die radikalste Ablehnung, den offenen Haß, beantwortet er mit einem Wort der Verzeihung, um denen, die ihn kreuzigen, die Möglichkeit der Umkehr zu eröffnen. Christus gibt auf die Sünde seiner Mörder eine ganz und gar paradox erscheinende Antwort: „Vater, vergib ihnen, denn sie wissen nicht, was sie tun“, lautet eines seiner Worte am Kreuz (Lk 23,34). Das Bild des Vergebung erbittenden Herrn am Kreuz ist im wahrsten Sinne des Wortes ein Herz-Jesu-

Bild: Die Lanze des Verbrechers, die das Herz Jesu durchstoßen und töten will, öffnet einen Strom der Liebe und Vergebung. Im Angesicht dieser Liebe sollen wir alle nach dem Willen Gottes begreifen, was Sünde wirklich bedeutet und wie sehr sie uns beherrscht. Denn wenn wir in den Spiegel der gekreuzigten Liebe Christi schauen, sehen wir in letzter Radikalität, was Gott ist, wir selbst aber nicht sind. Dieser Anblick ist nicht leicht und bequem, sondern er brennt und tut weh. Nicht umsonst wählen viele Herz-Jesu-Bilder für die Liebe des Herrn das Symbol des flammenden Feuers. „Wer mir nahe ist, ist dem Feuer nahe", lautet eines der seltenen außerbiblisch überlieferten Jesusworte (vgl. Hebr 12,29). Mit der brennenden Liebe seines göttlichen Herzens will uns der Gekreuzigte ergreifen und verändern. Dabei wird uns klar, wieviel Unreinheit in uns ist, wieviel Spreu, die dieser Feuerprobe nicht standhält. Darum schmerzt das Feuer der liebenden Vergebung Gottes, wenn wir ihm Einlaß in unser Herz gewähren. Dieser Schmerz aber ist Schmerz des Bereuenden, nicht Schmerz des Gerichteten. Hier vom Gericht zu sprechen, steht mit der Botschaft von der Liebe und Vergebung Gottes keineswegs im Widerspruch. Vielmehr erkennen wir, wie recht das Johannesevangelium hat, wenn es so oft betont: Die Begegnung mit der gekreuzigten Liebe *ist schon* Gericht – für uns, hier und jetzt. Wer sich von Gottes Liebe bewegen und umgestalten läßt, hört zugleich den Spruch seiner Vergebung. Wer aber die Umgestaltung durch diese Liebe endgültig und dauerhaft ablehnt, den läßt auch Gott endgültig des Weges ziehen, den er selbst sich gewählt hat. Er hätte sein Sünder-Sein für immer dadurch bestätigt, daß er es in letzter Konsequenz geleugnet hätte.

Wenn wir im Spiegel der Liebe Gottes, die am Kreuz Jesu Christi ihre äußerste Offenbarungsgestalt annimmt, als Menschen die eigene Sünde anerkennen, wissen wir uns darum einerseits voller Ernst aufgefordert, andererseits aber auch mit einer frohen Hoffnung beschenkt. Aufgefordert sind wir, uns von der Vorstellung zu verabschieden, die Sünde sei etwas Harmloses und Vergebung etwas Selbstverständliches. Wenn wir im Blick auf das Kreuz begreifen, wie tod-ernst es Gottes Liebe meint, dann müssen wir uns vor allen falschen Verharmlosungen in acht nehmen, die diese Liebe beleidigen – ob wir damit im aktuellen gesellschaftlichen Trend liegen oder nicht. Ehebruch bleibt ein schweres Vergehen, egal was irgendwelche Prominente uns zu diesem Thema vorleben. Die Zehn Gebote bleiben gültig, egal was Politiker dazu sagen. Und Eitelkeit, Neid, Zorn, Geiz, Wollust, Unmäßigkeit und Trägheit bleiben die sieben Todsünden, auch wenn Fernsehmacher von ihrer öffentlichen Inszenierung gut leben. Aufgefordert sind wir im Blick auf das bittere Leiden Christi zudem, die falschen Ausreden beiseite zu lassen, mit denen wir gewöhnlich unsere Fehler schönreden. „Denn sie wissen nicht, was sie tun" – das galt vielleicht für die Soldaten, die Jesus kreuzigten, weil sie nur ihren Dienstbefehl erfüllten. Es galt vielleicht für einige der jüdischen und römischen Autoritäten, die Jesus verurteilten, weil sie in ihm nur den Volksaufrührer, aber nicht Gottes Sohn sahen, und von denen Paulus darum feststellen konnte: „Hätten sie ihn erkannt, hätten sie den Herrn der Herrlichkeit niemals gekreuzigt" (1 Kor 2,8). Aber wir Christen kennen ihn. Wir wissen, wer er ist und haben „seiner Liebe geglaubt" (1 Joh 4,16). Darum können wir uns nicht darauf berufen, daß wir nicht wüßten, was wir tun. Eine solche Haltung wäre anmaßende Selbstgerechtigkeit, Inbegriff jener „Sünde wider den Heiligen Geist", von der Christus sagt, daß sie als einzige nicht vergeben wird (vgl. Mt 12,32).

Neben die ernste Aufforderung tritt beim Blick auf die gekreuzigte Liebe unseres Herrn aber auch das Geschenk einer großen Hoffnung. Denn wenn wir uns der Liebe Gottes nähern, dürfen wir unfehlbar gewiß sein, nicht zurückgewiesen zu werden. Wie tief wir auch fallen mögen: Nie fallen wir so tief, daß uns nicht Gottes barmherzige Hand aufzufangen vermöchte. Nie ist unser Unheil so radikal, daß der Heiland Christus ihm gegenüber machtlos wäre. „Mir kann keiner mehr vergeben" – diesen Satz gibt es für einen wahren Christen nicht. Der sel. Papst Johannes XXIII. hat 1958 als erster Pontifex das römische Gefängnis „Regina Coeli" besucht. „Ihr konntet nicht zu mir kommen, darum bin ich zu euch gekommen", sagte er zu den Gefangenen. Bei diesem Besuch kam es zu einer bewegenden Szene. Einer der Insassen, ein verurteilter Mörder, trat auf den Heiligen Vater zu und fragte ihn: „Kann es für einen wie mich noch Erbarmen geben?" Da zog der Papst den Mann wortlos zu sich empor und umarmte ihn. Das war seine Antwort, und das ist die Antwort, die Jesus jedem gibt, der diese Frage an ihn stellt. In seinen Armen, in seinem Herzen ist für uns alle Platz, immer wieder neu. In jeder Beichte können wir das erfahren.

Gott, der das Neue liebt

Neues hat die Menschen zu allen Zeiten fasziniert. Daran hat sich bis heute nichts geändert. „Jetzt neu!“ gehört zu den Evergreens der Werbeslogans. Auf einem neuen Trainer ruht die Hoffnung jeder erfolglosen Fußballmannschaft. Und wer die Internet-Adresse „www.neu.de“ anklickt, der landet bei einer Partnerschaftsvermittlung, einem Treffpunkt der großen Träume.

Das Neue fasziniert die Menschen – aber ihre Erfindung ist es eigentlich nicht. Das Copyright auf alles Neue in dieser Welt hat nur einer: nämlich Gott. Er selbst erinnert uns daran, wenn er durch den Mund des Propheten Jesaja zu uns spricht: „Denkt nicht mehr an das, was früher war; auf das, was vergangen ist, sollt ihr nicht achten. Seht her, nun mache ich etwas Neues. Schon kommt es zum Vorschein, merkt ihr es nicht?“ (Jes 43,19).

Das Neue zu bewirken, gehört zum Handeln Gottes in der Welt von Anfang an. Gab es je etwas Neueres als in dem Augenblick, da Gott die ganze Welt durch seinen machtvollen Befehl ins Dasein rief? Wenn Gott als Schöpfer handelt, dann wirkt er nicht wie ein Mensch, der etwa als Handwerker aus einem Stück Holz eine Skulptur schafft. Was der Handwerker aus dem Holz gestalten kann, liegt darin zuvor schon der Möglichkeit nach verborgen. Wenn aber Gott die Welt schafft, ruft er sie mit all ihren Gesetzen und Möglichkeiten überhaupt erst ins Dasein. Ihm liegt keine andere Ursache voraus, die verschieden wäre von ihm selbst. Er schafft wirklich Neues. Gott hat damit nicht aufgehört am siebten Schöpfungstag. Auch in der Geschichte des Volkes, das er sich auserwählt hat, ist er gegenwärtig geblieben als der, der immer wieder, oft auf überraschende Weise, das Neue bewirkt. An erster Stelle dürfen wir hier an das Ereignis des Exodus denken, die Befreiung aus der Knechtschaft Ägyptens. Für Israel war dieses Wunder Gottes die Erlösung, die Befreiung, das Neue schlechthin. Immer, wenn das Volk zu späteren Zeiten in Not und Bedrängnis war, erinnerte es sich an die vergangenen Tage, da Gott es aus der Hand des Pharao durch die Wüste ins gelobte Land führte. So tut es der Prophet Jesaja im vorhin zitierten Wort, wenn er zur Zeit des babylonischen Exils seinen Landsleuten Hoffnung machen will, während sie in Verzweiflung zu versinken drohen. Jesaja ist überzeugt: Wenn Gott einmal einen neuen Anfang geschenkt hat, dann kann und wird er es immer wieder tun – auch dann, wenn kein Mensch mehr damit rechnet.

Den festen Glauben, daß Gott in die Geschichte eingreift, um Neues für sein Volk zu schaffen, hat die Kirche, das neue Israel, vom Gottesvolk des Alten Bundes geerbt. Die Menschwerdung Gottes in Jesus Christus, die im Zentrum unseres christlichen Glaubens steht, ist etwas so unerwartet Neues, daß sie in ihrem wunderbaren Charakter der Weltschöpfung nicht nachsteht. Als die Welt alt geworden ist, als sie sich zum Abend geneigt hat, so sagen die Kirchenväter in Anknüpfung an ein altes Motiv der stoischen Philosophen, kommt Gott als Kind, um sie von Grund auf zu erneuern, um einen neuen Tag des Heils beginnen zu lassen. Er wird Mensch aus dem Schoß einer Jungfrau und durchbricht damit die gewohnten Gesetze von Zeugung und Geburt. Er ist der neue Adam, Stammvater einer neuen Menschheit, die von der Schuld befreit und mit Gott versöhnt ist. Mit seiner Auferstehung beginnt endgültig ein neues Zeitalter. Wo immer ein Mensch von Christus ergriffen wird, wo immer er sich in die Gemeinschaft seines Auferstehungslebens hineinziehen läßt, wird Gottes neue Schöpfung Wirklichkeit. Was vorher war, ist dann egal. Paulus, der dem irdischen Christus niemals begegnet ist, wohl aber dem auferstandenen Herrn, bezeugt uns dies im Philipperbrief, wenn er ausruft: „Ich vergesse, was hinter mir liegt, und strecke mich nach dem aus, was vor mir ist. Das Ziel vor Augen, jage ich nach dem Siegespreis: der himmlischen Berufung, die Gott uns in Christus Jesus schenkt" (Phil 3,13 f.). Paulus, der zuvor Christen in den Tod getrieben hatte, durfte selbst neues Leben finden in Christus, dem Herrn. Er hat das erfahren, was die Sünderin des Johannesevangeliums in der Begegnung mit Christus erleben konnte – nämlich daß der Herr spricht: „Geh und sündige von jetzt an nicht mehr!" (Joh 8,11). Das wichtigste Wort in diesem kurzen Satz lautet: „Geh!" Blick nach vorn und nicht zurück! Du darfst neu anfangen, ich schenke dir Zukunft. Gott erneuert den Menschen, indem er ihm die Schuld vergibt und den Weg in ein ewiges Morgen öffnet. In der Erneuerung des Menschen aber beginnt die Erneuerung der ganzen Welt. Das ist das letzte Neue, das Gott wirken wird: die Vollendung des Kosmos. Die Lehre über diese Vollendung trägt in der Theologie den lateinischen Titel „De novissimis" – das kann man übersetzen: „Über die Letzten Dinge", aber auch „Über die neuesten Dinge". Das Letzte wird das Neueste sein, das der Welt aus Gottes Hand geschenkt wird.

Wenn Gott derjenige ist, der es liebt, Neues zu schaffen, dann sind alle, die es für unmöglich halten, daß es etwas Neues gibt in der Welt als ganzer und im Leben des einzelnen Menschen, immer die, die in Wirklichkeit nicht an Gott glauben. Nirgendwo läßt sich dies besser erkennen als in Friedrich Nietzsches Lehre von der ewigen Wiederkehr des Gleichen. Wenn es eine endliche Welt gibt in einer unendlichen Zeit, so sagt Nietzsche, dann wird sich irgendwann alles wiederholen. Die Kombination der endlichen Elemente wird irgendwann immer wieder die gleichen Zustände hervorbringen. In dieser Welt ohne Gott gibt es keinen Anfang, keine Freiheit, nichts Neues.

Aber auch wer sich nicht solche hohen philosophischen Gedanken macht, kann in seinem Leben das Neue und damit letztlich Gott ablehnen und verleugnen. Ist es erstaunlich, daß eine Gesellschaft, in der immer weniger Menschen an Gott glauben, kaum mehr bereit ist, Kindern das Leben zu schenken – Kindern, die wie kaum etwas anderes in der Welt dafür stehen, daß Gott beständig etwas Neues ins Dasein ruft? Natürlich kann man sich die Frage stellen, ob es nicht viel besser und sinnvoller wäre, wenn diejenigen Menschen, die sich im Laufe ihres Lebens so viel Wissen, so viele Fähigkeiten und Erfahrungen erworben haben, viel länger leben könnten als 70, 80 oder 90 Jahre – und ob es nicht zutiefst unvernünftig ist, mit jedem neugeborenen Kind die Menschheit irgendwie wieder mühsam bei Null anfangen zu lassen. Aber genau so will es Gott, weil er das Neue liebt.

Auch an uns Christen darf eine provozierende Frage gestellt werden: Ist es ein Zufall, daß die Beichte in unserer Zeit zum vergessenen Sakrament geworden ist? Ausgerechnet die Beichte, in der Gott uns immer wieder einen neuen, einen österlichen Anfang schenkt? Ist nicht auch dies Ausdruck der Tatsache, daß wir nicht mehr daran glauben, daß Gott in unserem Leben etwas Neues hervorbringen, daß er ein Stück Auferstehung bewirken kann mitten in unserem Alltag? Es gibt so viele Menschen, die irgend etwas Altes mit sich herumtragen, von dem sie sich nicht lösen können. Irgendeine alte Schuld, die sie belastet. Die Wut auf die eigenen Eltern, die sie verantwortlich machen für ein schlechtes Erbe, das ihnen mit ins Leben gegeben wurde. Den Haß auf Menschen, die ihnen Böses getan haben und denen sie keine Vergebung zu gewähren vermögen. Zu ihnen, zu uns allen spricht Gott immer wieder: „Denkt nicht mehr an das, was früher war; auf das, was vergangen ist, sollt ihr nicht achten. Seht her, nun mache ich etwas Neues. Schon kommt es zum Vorschein, merkt ihr es nicht?“

AUFERSTEHUNG DER TOTEN

Hoffnung auf den Gott der Lebenden

Was der moderne Mensch von der christlichen Auferstehungshoffnung hält, hat der atheistische Literat Bertold Brecht in einem bekannten Lehrgedicht ausgedrückt: „Lasst euch nicht verführen!/Es gibt keine Wiederkehr./Der Tag steht in den Türen;/Ihr könnt schon Nachtwind spüren:/Es kommt kein Morgen mehr.//(...) Lasst euch nicht vertrösten! Ihr habt nicht zu viel Zeit!/Lasst Moder den Erlösten!/Das Leben ist am größten: / Es steht nicht mehr bereit." Auch religiöse Menschen bleiben von dieser Skepsis nicht unbeeindruckt. Nach einer Emnid-Erhebung aus dem Jahr 2003 glauben lediglich 21 Prozent der Bundesbürger noch an die leibliche Auferstehung Jesu; in der Bundeshauptstadt Berlin sind es ganze acht Prozent. Und eine Befragung reformierter Pfarrer in der Schweiz vor wenigen Jahren ergab, daß selbst unter ihnen nur noch weniger als 40 Prozent die Auferweckung für glaubhaft halten. Längst hat die Theologie Erklärungskategorien entwickelt, um dem Ärgernis der leiblichen Auferstehung weiträumig aus dem Weg zu gehen. Vielfach werden die biblischen Auferstehungsgeschichten nur als mythische Einkleidungen für einen Sachverhalt angesehen, über den man kaum Näheres zu sagen weiß. Ihre Realität hat sich reichlich verflüchtigt im weiten Raum der existentiellen Bedeutungen und vagen Zukunftsprognosen.

Der Protest gegen die christliche Hoffnung auf eine „Wiederkehr" ist nicht neu. Die Lehre von der leiblichen Auferstehung der Toten galt seit jeher als eine der größten Zumutungen des Glaubens für den menschlichen Verstand. Schon zur Zeit der Kirchenväter gehörte dieser Teil des Credo regelmäßig zu denjenigen Punkten, die von den Gegnern des Christentums in Zweifel gezogen, ja offen verspottet wurden. Einer ihrer frühesten und scharfsinnigsten Vertreter, der Philosoph Kelsos am Ende des 2. Jahrhunderts, hat die christliche Hoffnung auf leibliche Auferweckung eine „Hoffnung von Würmern" genannt und mit vielen Argumenten versucht, sie als absurd und eines vernünftigen Menschen unwürdig zu entlarven.

Angesichts solchen Zweifels ist es gut zu wissen, daß sich Christus selbst zum Thema Auferstehung bereits mit ausgesprochenen Skeptikern auseinanderzusetzen hatte. Solche gab es nämlich auch im Judentum, und sie hießen Sadduzäer. Die konservativen Sadduzäer waren eine der einflußreichen religiösen Parteien im Israel zur Zeit Jesu, das in mehrere unterschiedliche Glaubens- und Frömmigkeitsrichtungen aufgespalten war. Der Name „Sadduzäer" stammt vermutlich von einem gewissen Priester Saddok her, der zur Zeit König Davids lebte. Die Sadduzäer verstanden sich als Priestergeschlecht, als eine Art priesterlicher Elite, die sich als Gegenpol zu der großen Reformbewegung der Pharisäer formiert hatte. Die Sadduzäer bildeten die zahlenmäßig kleine, aber politisch einflußreiche Partei des herrschenden Adels. Ihre religiösen Überzeugungen stützten sich allein auf die fünf Bücher des Moses. Das Heil spielte sich ihrer Meinung nach ganz und gar innerweltlich ab, in der kultisch garantierten Heiligkeit des erwählten Volkes Israel. Religion war für die Sadduzäer mehr eine Sache der handfesten Politik als schwärmerischer endzeitlicher Hoffnungen. Denn den Gedanken an eine jenseitige Auferstehung wiesen sie ebenso zurück wie die Existenz von Engeln oder Dämonen.

Mit einem dieser Sadduzäer gerät Jesus, wie das Markusevangelium (12,18–27) berichtet, in einen Disput, und zwar gerade über das Thema Auferstehung. Der schlaue Theologe versucht Jesus gegenüber das zu tun, was gelehrte Leute gerne in Diskussionen tun, um ihre Gegner in Probleme zu bringen: Er konstruiert einen scheinbar ausweglos schwierigen Fall, von dem er annimmt, daß Jesus an seiner Lösung scheitern wird. Eine Frau hatte in ihrem Leben sieben Ehemänner – mit welchem von ihnen soll sie dann nach einer angeblichen Auferstehung von den Toten noch verheiratet sein? Was der Sadduzäer sich von diesem Beispiel erhofft, ist klar: nämlich das Eingeständnis, daß es angesichts solcher Schwierigkeiten besser ist, den Gedanken einer leiblichen Auferstehung ganz fallenzulassen.

Doch nicht nur der Sadduzäer ist ein Mann, der sich auf die Kunst des Gesprächs versteht – Jesus ist es erst recht. Er kritisiert die Argumentation seines jüdischen Gegners auf eine sehr wirksame Art: Er weist nämlich seinem Gegenüber nach, daß er von falschen Voraussetzungen ausgeht. In der zukünftigen Welt, so gibt Jesus zu verstehen, ist die Frage nach Verheiratet- oder Unverheiratetsein nicht mehr wichtig. Was dann beginnt, ist ein Existenzzustand, den wir nur fehldeuten können, wenn wir ihn uns als Verlängerung des jetzigen Daseins ausmalen. So wie wir uns jetzt ein Leben ohne Tod nicht vorstellen können, so auch nicht ein Leben ohne Partnerschaft, Heirat und Zeugung. In der neuen Welt Gottes aber wird genau dieses Leben Wirklichkeit sein. Wer durch das Tor der Auferstehung dorthin gelangt, so sagt Jesus, wird auf eine jetzt noch gar nicht erahnbare Weise Kind Gottes und damit Gott ähnlich sein. Er wird an Gottes ewigem Leben Anteil erhalten. Das Wichtigste ist dann die Einheit mit Gott und nicht mehr die Beziehung zu einem Menschen. In Unsterblichkeit und Reinheit wird der Auferstandene „den Engeln gleich" werden, was man getrost als kräftigen Seitenhieb in Richtung des selbstgewissen Sadduzäertheologen verstehen darf, der wie die Auferstehung ja auch die Existenz von Engeln ablehnte.

Jesus will also sagen: Wer die Verheißung Gottes mit den Maßstäben seiner theologischen Vorurteile oder seiner weltlichen Weisheit beurteilen will, der kann sie niemals verstehen. Er reduziert den großen Gott auf menschliches Maß. Die Leugnung der leiblichen Auferstehung ist deswegen ein so gravierender theologischer Irrtum, weil sie aus einer verkürzten und verarmten Gottesvorstellung hervorgeht. Wer Gott nicht zutraut, daß er die Toten leiblich auferweckt, der denkt einen ohnmächtigen Gott nach seinem eigenen, menschlichen Bild. Der Verweis auf Gottes schöpferische Allmacht war seit frühester Zeit das gewichtigste Argument der Christen für den Glauben an die wahre Auferstehung gegen alle noch so scharfsinnigen Einwände. Der allmächtige Gott ist ein „Gott der Lebenden", weil er die Fülle des Lebens ist, in der es kein Gestern und Morgen, keine Vergänglichkeit und keinen Tod gibt. Für ihn ist auch das Sterben der Menschen keine unüberwindliche Grenze. Der Glaube an die Allmacht Gottes aber verbindet sich mit der Hoffnung auf seine Treue. Jesus spricht von ihm als dem „Gott Abrahams, Isaaks und Jakobs“. Er ist und bleibt der Gott der Menschen, die er sich in Liebe erwählt und mit denen er seinen Bund geschlossen hat. Diese Urväter sind für die Menschen lange tot, aber für Gott leben sie, denn er vergißt sie nicht und läßt sie nicht ins Dunkel fallen. Ein Unterpfand seiner allmächtigen Treue hat Gott uns gegeben, als er Jesus Christus, den geliebten Sohn, von den Toten auferweckt hat. Der Tag der leiblichen Auferstehung aller Menschen wird der Tag seines endgültigen Sieges vor den Augen der ganzen Schöpfung sein.

Wir können diesen Gedanken noch ein wenig anders fassen und sagen: Der Gott, an den wir glauben, ist der Gott, den uns unsere Großeltern und Eltern, unsere Lehrer und Priester verkündet haben, die oft längst schon gestorben sind. Wäre der Glaube an diesen Gott nicht wertlos, wenn wir annehmen müßten, diejenigen, die ihn uns bezeugt haben und die für ihn eingetreten sind, hätten mittlerweile einfach aufgehört zu existieren? In diesem Fall wäre mit den Menschen auch ihr Gott gestorben, er hätte sich angesichts ihres Todes als ohnmächtig oder treulos erwiesen. Doch so ist es nicht. Unsere Toten sind lebendig im Gott des Lebens und dürfen sich jetzt schon freuen, Erben seines Reiches zu sein. Die Kirche hat dies in ihrer Lehre später so erklärt, daß die im Tod vom Leib getrennten Seelen derer, die zu Christus gehören, schon jetzt in der Anschauung Gott glücklich sind und in der zukünftigen Auferstehung durch, mit und in Christus die umfassende Vollendung dieses Glücks, nämlich das Geschenk neuer leiblicher Existenz in einem verwandelten Kosmos, erwarten dürfen.

Eine genaue Antwort darauf, wie diese Auferstehung der Toten aussehen wird, gibt Jesus nicht. An diesem Punkt läßt er uns mit mancher Frage und sicher auch manchem Zweifel zurück. *Wie* der Mensch in der Auferstehung Mensch bleibt, er selbst, mit Seele und Leib, seiner selbst gewiß und für andere erkennbar, und wie er dennoch in ein Dasein der unvergänglichen, engelgleichen Herrlichkeit eintreten kann, das vermag unser Verstand nicht befriedigend zu ergründen. Christus läßt uns vor der Tür zu einem großen Geheimnis stehen, die noch verschlossen ist. Unser Glaube besteht darin, voller Hoffnung und Freude zu warten, bis Gott selbst sie öffnet. Was dann beginnt, erahnen wir jetzt nur in dem einen, kleinen, großen Wort: Leben.

DAS EWIGE LEBEN

An den Himmel denken

Die erste Frage in unseren alten Katechismen lautet: „Wozu sind wir auf Erden?" Und die Antwort: „Wir sind auf Erden, um Gott zu dienen, um ihn zu erkennen und zu loben und so einmal in den Himmel zu kommen." Wenn wir also wissen wollen, was für uns Christen der Himmel ist, dann müssen wir antworten: Der Himmel ist das letzte Ziel unseres Lebens und die Erfüllung all unserer Sehnsucht. Dieses letzte Ziel ist nichts von den Dingen dieser Welt. Es ist im eigentlichen Sinn auch kein Ort und kein Zustand. Dieses letzte Ziel unseres Lebens, so sagt uns der Katechismus, ist vielmehr Gott selbst, und der Weg zu diesem Ziel besteht darin, auf Erden so zu leben, daß wir für würdig befunden werden, in der Ewigkeit bei Gott zu sein und bei ihm glücklich sein zu dürfen. Genau das meinen wir, wenn wir vom Himmel sprechen.

Unser Problem besteht darin, daß wir uns diese Vollendung bei Gott vorerst überhaupt nicht vorstellen können, denn wir begreifen nicht, was Ewigkeit ist. Jetzt leben wir in der Zeit, das heißt in einem ständigen Nacheinander des Fühlens, Denkens und Wollens. Wir sind darum geneigt, uns auch die „Ewigkeit" wieder zeitlich vorzustellen, eben als unendlich ausgedehnte Zeit. Das aber ist eher ein schrecklicher denn beglückender Gedanke. Unendliche Zeit wäre unendliche Langeweile und die tödliche Wiederkehr des immer Gleichen. Wir kennen Ludwig Thomas humorige Geschichte vom „Münchner im Himmel“, vom plötzlich verstorbenen Dienstmann Alois, der sich mit seinem neuen himmlischen Arbeitsplan überhaupt nicht anfreunden kann: „Von morgens 8 Uhr bis abends 12 Uhr frohlocken – von mittags 12 Uhr bis 8 Uhr abends Hosianna singen“. Kein Wunder, daß der Engel wider Willen sich rasch nach Bier, Schnupftabak und seinem Stammplatz im Hofbräuhaus zurücksehnt. Recht hat er – auf solch einen öden Himmel könnte man mit Fug und Recht verzichten. Aber zum Glück ist dies nicht der Himmel, von dem Christus zu uns spricht und den unser Glaube verheißt. Der Himmel, den wir ersehnen, steht nicht unter dem Maß irdischer Zeit, sondern ist umgriffen von Gottes Ewigkeit. Er kennt keine Wiederholung, Routine und Langeweile. Wenn wir von ihm schon auf Erden eine schwache Vorahnung bekommen wollen, sollten wir darum nicht an ein sich dehnendes Nacheinander der Minuten und Stunden denken, sondern viel lieber an Momente der Erfüllung. Vermutlich wird das Leben der Ewigkeit eher solchen Augenblicken ähnlich sein, in denen wir die Erfahrung machen durften, daß darin die Zeit und irgendwie auch wir selbst fast verschwunden schienen. Manche Menschen erleben dies, wenn sie sich mit all ihren geistigen Kräften der Lösung eines Problems, der Lektüre eines Buches oder der Beschäftigung mit einem fesselnden Gedanken hingeben. Wenn wir – im wahrsten Sinne des Wortes – ganz „bei einer Sache“ sind, vergessen wir alles um uns herum und am Ende sogar uns selbst. Wir merken nicht mehr, wie die Stunden verfliegen. Wir werden ganz und gar ergriffen von einer Wahrheit, die wir selbst nicht gemacht haben. Das ist eine leise Vorahnung des Himmels. Dort werden wir ganz „bei Gott" sein, werden die unausschöpfliche Wahrheit anschauen dürfen, und in diesem Anblick werden wir gleichsam aus uns selbst hinausgezogen werden in ihn hinein, in die grenzenlosen Tiefen seines Wesens. „Die Menschen werden Gott schauen und dadurch leben", schreibt der hl. Irenäus, „denn durch das Schauen werden sie unsterblich und tauchen ein in Gott" (Adv. Haer. 4,20).

Ein anderer Anknüpfungspunkt in unserem irdischen Leben, der uns zum Gleichnis vom Himmel werden mag, ist die Begegnung mit der Schönheit. Der Anblick einer leuchtenden Blume, die Aussicht vom Berggipfel in die Weiten eines grünen, sonnendurchfluteten Tales, die Schau eines vollendeten Kunstwerkes oder die Gegenwart einer anmutigen Menschengestalt – auch sie können uns so entrücken und ins Staunen bringen, daß wir wie Goethes Faust zum Augenblick sagen möchten: „Verweile doch, du bist so schön!" Wie verzaubernd wird erst der Anblick Gottes sein, der die ewig junge Schönheit, die alles überragende Herrlichkeit ist, deren Besitz uns keine Zeit mehr entreißen kann.

Und noch eine dritte Erfahrung unseres Lebens gibt es, die uns zum schwachen Widerschein dessen werden könnte, was uns im Himmel erwartet: die Erfahrung von Nähe und Geborgenheit im Zusammensein mit einem anderen Menschen. Auch hier gibt es viele Formen – von der Gemeinschaft mit einem lieben Freund, in der ich mich ganz und gar angenommen und verstanden weiß, bis hin zur körperlichen Nähe zwischen Mann und Frau, in der das Ich sich ganz ins Du hinein verschenkt und doch gerade so sich selbst im anderen findet. Nicht umsonst kennt die Bibel für diese Liebe die Metapher des „Sich-Erkennens". In der ewigen Seligkeit des Himmels wird Gott mich in die Gemeinschaft seiner dreifaltigen Liebe aufnehmen, und ich werde darin erkannt und bejaht, unendlich geborgen und unendlich frei zugleich sein. Mein kleines Ich wird sich selbstvergessen wiederfinden im Ozean der göttlichen Liebe, der es für immer umfängt.

Wie gesagt: Dies sind nicht mehr als Vorahnungen, schwache Schatten und Spiegelbilder einer Realität, die wir jetzt gar nicht begreifen, sondern nur ersehnen können. Aber diese Sehnsucht ist entscheidend. Wenn wir sie verlieren, verlieren wir unser letztes Ziel, verlieren wir Gott selbst. Wir sollen darum in unseren Gebeten, vor allem auch beim Empfang der Kommunion, oft an die Verheißung der ewigen Vollendung, an den Himmel denken. Wir brauchen uns nicht zu schämen, wenn wir uns dabei auf Bilder stützen müssen, denn anders kann sich unser irdischer Verstand dem Geheimnis seiner Zukunft bei Gott gar nicht nähern. Die Bibel selbst kennt viele solcher Vergleiche, wenn sie zu uns vom Himmel spricht: das ewige Hochzeitsmahl – die vielen Wohnungen im Haus des Vaters – oder das ewige Jerusalem, in dessen Straßen man das „Halleluja" singt. Nur wenn in unserem Glauben und Beten die Sehnsucht nach dem Himmel lebendig bleibt, ja wenn wir wie der Psalmist zuweilen in heiliger Ungeduld ausrufen: „Wann darf ich kommen und Gottes Antlitz schauen?" (Ps 41,3), nur dann werden wir die Kraft behalten, die Tristesse des Alltags zu überwinden und die großen Herausforderungen zu meistern, die uns durch Schicksalsschläge, Krankheit und die Erfahrung von Sinnlosigkeit zugeschickt werden. Die Hoffnung auf den Himmel muß für einen Christen das unauslöschliche Licht der Freude am Horizont des Lebens sein, das von keiner finsteren Wolke irdischer Sorgen erstickt werden kann. Im Blick auf dieses Ziel dichtet Angelus Silesius: „Hier ist es immer Tag, / hier scheint die ewge Sonne, / hier weiß man nichts von Weh, von Kummer, Angst und Leid. / Man lebt in ganzer Lust und ganzer Seligkeit. / Hier schaut man Gottes Glanz und Gottes Angesicht, / hier wird man überformt von seiner Gottheit Licht."

Ihn schauen, wie er ist

Wir möchten Jesus sehen", lautet einer der schlichtesten und zugleich schönsten Wünsche, die Menschen im Neuen Testament äußern (Joh 12,21). Ein Wort der Sehnsucht. „Wir werden ihn schauen, wie er ist", lautet die Antwort des Glaubens (1 Joh 3,2). Ein Wort der Erfüllung und Vollendung.

Aber berührt uns Menschen des anbrechenden 21. Jahrhunderts dieses Wort noch? Hat das Sehen, Schauen, hat der Anblick Gottes für uns noch jene ungeheure Kraft der Hoffnung, die Faszination des letzten, alles überragenden Zieles wie für die Christen vergangener Epochen? Damit wir diese Fragen ehrlich beantworten können, müssen wir uns nach unseren „Sehgewohnheiten" fragen und sie mit dem vergleichen, was „Schauen" im Sinn der Heiligen Schrift bedeutet. Erst damit kommen wir der biblischen Verheißung von der „Schau Gottes" auf die Spur.

Wir leben heute im doppelten Wortsinn in einem Zeitalter des „Augenblicks". Das meint zum einen: Wir leben in einer Zeit, die nur das für wahr und wirklich hält, was man mit den „Augen erblicken" kann, das Sinnliche, das leibhaftig Wahrnehmbare. „Ich glaube nur, was ich sehe", lautet das Credo vieler Menschen unserer Tage. Und das ist auch irgendwie verständlich. Denn wir leben ohne Zweifel in einer visuellen Zeit. Wohl nie zuvor waren die Menschen so vielen Seh-Reizen ausgesetzt wie heute. Während der antike Philosoph Aristoteles und mit ihm das Denken des Mittelalters noch davon überzeugt war, daß der Tastsinn der grundlegende Sinn des Menschen ist, würden wir diese Rolle vermutlich dem Sehen zuschreiben. Die Macht der Bilder hält uns unentrinnbar in ihrem Bann. Symbol dieser Herrschaft ist das Fernsehen. Das Rechteck der Monitore fesselt den Blick der Menschen oftmals über viele Stunden, weil es ihnen ein unmittelbares Sehen ohne jede Grenze verspricht. Das allgegenwärtige Auge der Kamera läßt uns die natürliche Begrenzung unseres Gesichtsfeldes vergessen. In der vom Fernsehen erzeugten Illusion, selbst „mittendrin" und „in der ersten Reihe" zu sein, alles sehen zu können, was wir sehen wollen, auch wenn es unendlich weit entfernt oder längst vergangen ist, vergessen wir, daß die geschauten Welten sogar in einer Liveübertragung manipuliert und inszeniert sind. Wir machen uns gar nicht mehr klar, daß jeder Film immer nur vorgetäuschte Unmittelbarkeit ist, eben „Virtualität".

Am Fernsehen können wir auch den zweiten Sinnaspekt dessen begreifen, was die „Herrschaft des Augenblicks" ausmacht, unter der wir in unserer Gegenwart stehen. „Augenblick" nennen wir das Flüchtige, Momentane, die unbeständige Zeit. Das Fernsehen von heute ist eine Folge rasch dahinfliegender Bilder. Schnelle Schnitte, Szenenwechsel und Kameraschwenks gehören zu den Grundtechniken moderner Filmproduzenten, und das längst nicht mehr nur im Musikvideo oder der Sportübertragung, sondern auch in Nachrichten und Informationssendungen. Der Schauende vor dem Bildschirm genießt es, wie am Fenster eines fahrenden Zuges zu sitzen, und er wechselt den Kanal, wenn die Einstellungen länger dauern als eine kurze Weile. „Und bist du noch so fleißig, es bleibt dir nur Eins-Dreißig", lautet die Arbeitsregel vieler Journalisten von heute, denn wenn der Beitrag länger wird, mehren sich die Griffe zur Fernbedienung. Es ist paradox: Je allgegenwärtiger und mächtiger die Bilder werden, desto mehr verlieren sie zugleich an Bedeutung und Wert. Sie werden zum optischen Fast food ohne Nährwert, den man schnell aufnimmt und ebenso schnell wieder ausscheidet.

Diese doppelte „Herrschaft des Augenblicks", unter der unser visuelles Zeitalter steht, hat ernste Konsequenzen für den Begriff des Schauens, wie er die Grundlage für das Wort von der „Schau Gottes" darstellt, das wir zu verstehen suchen. Diejenigen nämlich, die ganz an das Visuelle ausgeliefert sind, verlieren das Bewußtsein dafür, daß jedes „Schauen" eigentlich eine zutiefst geistige Realität zum Ziel hat. Unsere sinnliche Wahrnehmung ist nur das Material, auf dessen Grundlage wir Begriffe bilden und das Wesen der Dinge verstehen wollen. Dieses geistige Wesen der Dinge ist nicht identisch mit dem sinnlichen Eindruck. Den Gehalt einer Skulptur erfasse ich nicht in ihren sichtbaren Umrissen, und die Idee eines Gemäldes nicht im unmittelbaren Farbeindruck. Zugleich ist das Geistige, sobald wir es erfaßt haben, etwas, das sich der Flüchtigkeit des Augen-Blicks entzieht. Den Begriff des Baumes abstrahieren wir von seinem Bild. Wenn wir das Rechnen gelernt habe, brauchen wir die Äpfel nicht mehr zu sehen, mit denen die Grundschullehrerin es uns vielleicht beim ersten Mal zu erklären versucht hat. Je höher eine Wahrheit, je subtiler ein geistiger Gehalt ist, um so mehr übersteigen sie das Sinnliche. Echte geistige Schau, wiewohl sie vom Sinnlichen ausgeht und in gewisser Weise auch stets darauf angewiesen bleibt, braucht darum Konzentration, Beschränkung des Blicks, Absehung von zu vielen und überflüssigen äußeren Eindrücken. Wer sich in einen Gegenstand vertiefen will, benötigt Sammlung und innere Einkehr. Es ist genau dies, wozu die Menschen von heute kaum noch in der Lage sind. Die rastlosen Bild- und Tonsequenzen des Films haben unsere Sinneswahrnehmung in Geiselhaft genommen und damit zugleich auch unser geistiges Erfassen, das von den Sinneseindrücken seinen Ausgang nimmt. Schon Kinder können Bilder oft nicht einmal mehr beschreiben, geschweige denn zu ihrem idealen Gehalt vorstoßen, weil sie nicht mehr konzentriert „sehen" können. In manchen Familien läuft von morgens bis abends der Fernseher, und anschließend wundert man sich, daß die Eltern nicht mehr fähig sind, ein Buch zu lesen, daß die Kinder an ihren Hausaufgaben scheitern und ernsthafte Gespräche zwischen den Familienangehörigen nicht mehr zustande kommen. Die Dauerberieselung hat uns zu geistigen Durchlauferhitzern gemacht, die von einem Bild zum nächsten springen, aber sich in keines mehr zu versenken vermögen. Nicht mehr die Wahrheit und Schönheit der Dinge zählt, sondern ob sie „Spaß machen", die „Zeit vertreiben", lustig oder langweilig sind. Viele der Schwierigkeiten, die Menschen von heute mit dem katholischen Gottesdienst haben (Mitfeiernde wie Zelebranten!), wurzeln ebenfalls in dieser Verbildung des Wahrnehmungsvermögens. Die Messe ist keine Unterhaltungsveranstaltung, sondern die Einladung zum konzentrierten Hören, bewußten Sprechen und Singen und nicht zuletzt zum Schauen auf die Bilder, Riten und Gebärden, durch die Gott mit uns in Verbindung tritt und wir ihm antworten sollen. Alle sinnlichen Elemente der Liturgie verfolgen den Zweck, uns hinzuführen zur geistigen Schau und Kommunikation. Wer für sie kein Sensorium mehr hat, wird unfähig zur Feier der Liturgie.

Damit sind wir schon mitten in der Betrachtung dessen, was das biblische Wort bedeutet, das im Mittelpunkt unserer Überlegung steht. Wenn uns die Heilige Schrift verspricht, daß wir einmal „Gott schauen" sollen, und zwar so, „wie er ist", dann steht fest, daß damit ein zuhöchst geistiges Schauen gemeint sein muß. Aber unter welchen Bedingungen ist dieses Schauen möglich? Damit diese Frage beantwortbar wird, müssen wir uns etwas sehr Wichtiges in Erinnerung rufen. Gott ist kein Gegenstand dieser Welt, von dem man sich „ein Bild machen" könnte. Genau das besagt ja das erste, grundlegende der Zehn Gebote, die Gott dem Moses gab. Dadurch unterscheidet sich der Gott Israels von den Göttern und Götzen der Völker. Sogar dadurch, daß Gott nach unserem christlichen Glauben selbst Mensch geworden ist, hat er sich nicht in seiner Gottheit für unsere Augen sichtbar gemacht. Was wir am Menschen Christus sehen können, führt uns zur Erkenntnis des göttlichen Vaters und zum Glauben an die wahre Gottheit Christi selbst, aber ist niemals „Schau" Gottes im eigentlichen Sinn. Und selbst das Bekenntnis, daß Christus der Herr und Gottessohn ist, bietet noch kein „Schauen von Angesicht". Für den Menschen auf Erden gibt es grundsätzlich keine direkte „Erfahrung Gottes", sondern immer nur eine verhüllte, vermittelte Unmittelbarkeit seiner Gegenwart. Dieses verhüllte Sehen Gottes nennen wir Glauben. Wer glaubt, stimmt dem Wort Gottes zu, das ihm Dinge und Ereignisse dieser Welt genauso wie Empfindungen und Erfahrungen seines eigenen Inneren deutet als Realitäten, in denen Gott gegenwärtig ist und durch die er wirkt. Erst für den Glaubenden besitzt der schöne Vers des mittelalterlichen Theologen Alanus ab Insulis († 1203) uneingeschränkte Gültigkeit: „Omnis mundi creatura / quasi liber et pictura / nobis est et speculum“ (PL 210, 579) – „Jedes Geschöpf dieser Welt ist für uns wie ein Buch, ein Bild und ein Spiegel“, nämlich für Gottes Weisheit und Liebe. Der vollkommenste Ort des göttlichen Handelns in dieser Welt ist die menschliche Gestalt Jesu Christi, die uns „Weg zu seiner Gottheit“ werden kann, wie der hl. Thomas von Aquin sagt – aber wiederum nur dann, wenn wir auf sie im Licht des Glaubens blicken, der uns lehrt: Dieser Mensch ist Gottes Sohn. Gegenüber Gott sind wir auf Erden stets wie ein Blinder, der zu seinem Gegenüber in der Dunkelheit ruft: „Sprich, damit ich dich sehe!“ Wer Gottes Wort im Glauben annimmt, tritt ein in eine neue Welt-Anschauung. Der glaubende Mensch sieht dieselbe äußere Welt wie alle Nicht-Glaubenden auch, aber in einer völlig anderen Hin-Sicht, nämlich aus der Perspektive Gottes selbst.

Bedeutet dies alles nun, daß wir ihn niemals „von Angesicht zu Angesicht“ sehen werden? Hier kommt das große Versprechen ins Spiel, das Gott selbst uns in der Heiligen Schrift gibt, wenn der Erste Johannesbrief sagt: „Wir werden ihn schauen, wie er ist.“ Diese unmittelbare Schau Gottes ist eine Verheißung für die Ewigkeit, die Aussicht auf den Himmel. Das ist und bleibt die große Hoffnung der Christen. Der hl. Thomas von Aquin spricht sie aus in einem seiner berühmten Sakramentslieder: „Laß die Schleier fallen einst in deinem Licht, daß ich selig schaue, Herr, dein Angesicht.“ Erst im Himmel gibt es also das Aufgehen, Vollendetwerden im „Augenblick“, das die Menschen unserer Tage zuweilen schon auf Erden ersehnen. Dort wird Gott die Augen unseres Geistes so erleuchten und verwandeln, daß sie fähig werden, ihn, den Unsichtbaren, anzuschauen. In *einem* zeitlosen, geistigen Bild werden wir dann alles von ihm in uns aufnehmen, was unser Geist aufnehmen kann. Natürlich werden wir auch im Himmel Gott nicht in dem Sinne „begreifen", daß wir sein ganzes unendliches Wesen vollständig erfassen – das kann nur Gott selbst, wenn er sich erkennt und liebt. In diesem Sinn bleibt für uns Menschen der Satz des hl. Augustinus auch in der Ewigkeit wahr: „Wenn du es begreifst, ist es nicht Gott". Aber Gott wird unser Begreifen so erfüllen, das er *für uns* „alles in allem" sein wird. Dann werden wir alle Dinge und alle Menschen nur noch im Licht Gottes sehen. Gott wird uns im Himmel unmittelbarer und näher sein als es jetzt ein geliebter Mensch ist, der vor uns steht. Denn selbst wenn wir einem anderen Menschen lange in die Augen schauen, blicken wir doch nie ganz in seine Seele hinein. Selbst derjenige Mensch, von dem wir in diesem Leben sagen würden, daß wir ihn am besten kennen und am meisten lieben, bleibt uns zu einem großen Teil unbekannt und fremd, weil wir seine Gedanken und Gefühle niemals in ihm, in seinem Inneren sehen und erfassen. Und unbekannt, rätselhaft, unergründlich, so dürfen wir hinzufügen, bleiben zu einem guten Teil sogar wir uns selbst. Gott aber wird uns im Himmel innerlicher sein als unser eigenes Inneres. Wir werden ihn erkennen, so sagt es der hl. Paulus, wie auch wir von ihm erkannt sind (vgl. 1 Kor 13,12), von ihm, der in unser Herz blicken kann. Ohne Schleier, ohne Hülle, ohne Hindernis.

Damit die Menschen unserer Zeit wieder Sehnsucht nach diesem Schauen Gottes und ihrer selbst bekommen, müssen sie erst wieder sehen und glauben lernen. Sie müssen ein Sehen lernen, das mehr ist als die Berieselung durch äußere Sinneseindrücke – geistiges Sehen, Betrachtung, Kontemplation. Und ein Glauben an Gottes Versprechen, das all unser Können übersteigt und das allein er selbst uns gibt in seiner Kirche durch sein Wort: daß wir ihn „schauen werden, wie er ist“.

Kardinal Angelo Scola

Eucharistie

Mysterium der Freiheit

Der Sinn der Eucharistie wird als Opfermahl, aber auch als Danksagung und immer neue Stärkung im Glauben verstanden. Der Patriarch von Venedig, Angelo Kardinal Scola, zeigt neue Wege zum Verständnis der Eucharistie als dem Zentrum des christlichen Glaubens auf, indem er sie als Begegnung und Ereignis erschließt und dem Zusammenhang von Sakrament und Wort Gottes nachgeht.

ISBN 978-3-936484-35-9
gebunden, 176 Seiten

Bischof Kurt Koch

Die Kirche Gottes

Kurt Koch, Bischof von Basel und Präsident der Schweizer Bischofskonferenz, entwirft in diesem grundlegenden Standardwerk über die Kirche die Vision einer „verinnerlichten und vereinfachten Kirche“, die ihrem Wesen nach ganz „Volk Gottes“ und zugleich „Leib Christi“ ist und Heimat sein kann für die vereinsamten Menschen unserer Zeit.

SANKT ULRICH VERLAG

ISBN 978-386744-023-3
gebunden, 288 Seiten